SØREN KIERKEGAARD

# DIE LEIDENSCHAFT
# DES RELIGIÖSEN

### EINE AUSWAHL AUS SCHRIFTEN
### UND TAGEBÜCHERN

AUS DEM DÄNISCHEN ÜBERSETZT
VON HEINZ KÜPPER
MIT EINER EINLEITUNG VON
LISELOTTE RICHTER

PHILIPP RECLAM JUN. STUTTGART

Universal-Bibliothek Nr. 7783/84
Alle Rechte vorbehalten. Gesetzt in Petit Garamond-Antiqua
Printed in Germany 1973. Satz: Hermann Schwend KG, Gaildorf
Druck: Reclam Stuttgart
ISBN 3-15-007783-4

## SÖREN KIERKEGAARD

Am 1. August 1835 schrieb der 22jährige Student Sören Kierkegaard auf einer Ferienreise nach Gilleleie in sein Tagebuch: „Das, was mir eigentlich fehlt, ist, mit mir selbst ins reine zu kommen darüber, was ich tun soll, nicht darüber, was ich erkennen soll, außer, soweit ein Erkennen jedem Handeln vorausgehen muß. Was mir fehlt, war: Ein vollkommen menschliches Leben zu führen und nicht bloß eins der Erkenntnis, so daß ich dadurch dahin komme, meine Gedankenentwicklung nicht zu gründen auf etwas, das man objektiv nennt, etwas, das doch in jedem Falle nicht mein Eigenes ist, sondern auf etwas, das mit der tiefsten Wurzel meiner Existenz zusammenhängt, wodurch ich sozusagen in das Göttliche eingewachsen bin, fest darin hange, wenn auch die ganze Welt einstürzt. Sieh, *das eben fehlt mir, und dahin strebe ich* ... Auf dieses innere Handeln des Menschen, diese Gottesseite des Menschen, kommt es gerade an, nicht auf eine Masse von Erkenntnissen; denn die werden schon folgen und werden sich zeigen als zufällige Aggregate oder als eine Reihe von Einzelheiten, eine neben der anderen, ohne ein System, ohne einen Brennpunkt, in dem sich alle Radien sammeln."

In dieser Tagebuchaufzeichnung findet sich das Stichwort, mit dem das entscheidende Anliegen der Gegenwart entdeckt worden ist: *Existenz.* Deshalb ist es gerade heute so wichtig, in die Lektüre Kierkegaards selbst einzudringen, weil nur so die Ursprungsbedeutung dieses gegenwärtig so lebenswichtigen Themas der Existenz aus den mannigfachen Überlagerungen durch die moderne Existenzphilosophie herauszuschälen ist. Deshalb ist aber auch die Kenntnis der Existenz Kierkegaards selbst von entscheidender Bedeutung. Sagt er doch selbst, daß er sich als existierender Denker von den abstrakten Denkern der Hegelschule dadurch unterscheide, daß er nicht in unverbindlichen Theorien, sondern in der Praxis der Lebensbewährung den Wahrheitsbeweis echter Existenz sehe. So führt sein Tagebuch weiter aus:

„Es kommt darauf an, meine Bestimmung zu verstehen, einzusehen, was eigentlich Gott will, daß ich tun soll. Es gilt, eine Wahrheit zu finden, die Wahrheit für *mich* ist, die Idee zu entdecken, für *die ich leben und sterben will.* Und was würde es mir nützen, wenn ich eine sogenannte objektive Wahrheit herausfände; wenn ich mich durch die Systeme der Philosophen arbeite und, wenn es verlangt würde, Heerschau über sie hielte: daß ich die Inkonsequenzen innerhalb jedes einzelnen Kreises nachweisen könnte; und was nützt es mir dazu, daß ich eine Staatstheorie entwickeln und aus den vielerorts hergeholten Einzelheiten eine Totalität kombinieren könnte, worin ich dann wieder nicht lebte, sondern die ich bloß für andere zur Schau hielte; was nützt es mir, die Bedeutung des Christentums darstellen, viele Einzelerscheinungen erklären zu können, wenn dies für mich selbst und mein Leben nicht irgendeine tiefere Bedeutung hätte?"

Das Leben dieses eigenartigen Denkers begann 1813 in Kopenhagen, dem Paris des Nordens. Sein Verhältnis zum Vater wurde von großer Bedeutung für seinen Weg. Sein Vater war einst ein armer Hütejunge in der Einsamkeit der jütländischen Heide. Es lastete sein ganzes Leben auf ihm, daß er einmal als Kind in seiner Verzweiflung inmitten der öden Heide sich auf einen Hügel gestellt und Gott verflucht hatte. So wurden seine späteren Jahre, in denen er ein wohlhabender Wollwarenhändler geworden war, von Schwermut überschattet, die er auch seinem spätgeborenen Sohne mitteilte, dessen kindliches Gemüt schon in zartem Alter mit dem schwersten religiösen Ernst belastet wurde. Kaum war er der Schule entwachsen und trat in seine Studentenzeit, geriet er in eine völlig entgegengesetzte Atmosphäre: in die der spätromantischen Caféhausliteraten, deren geistvollster Kopf er wurde. Er trieb es so toll, daß er aus dem Vaterhause in eine Studentenbude ziehen mußte. Dabei blieb aber die Schwermut sein Begleiter.

Die Schwermut wuchs gerade in dem Maße, in dem er im ästhetischen Stadium heimisch wurde. Er berichtet im Tagebuch: „Ich komme soeben aus einer Gesellschaft, deren Mittelpunkt ich war. Die Witzworte strömten von meinen Lippen. Alles bewunderte mich. Und ich, ich ging hinaus und — — — — — — — — — der Gedankenstrich muß so lang sein wie die Radien der Erdbahn — — — — —, ich ging hinaus und wollte mich erschießen."

Die Schwermut bezeichnet Kierkegaard als Sünde vor allen anderen: instar omnium. Sie kennzeichnet geradezu das ästhetische Stadium. Existenz ist nämlich für ihn nicht theoretisch darstellbar „in § 17 des Systems", wie es die Hegelianer glaubten, sondern nur in der Konkretheit des wirklichen gelebten Lebens, d. h. in besonderen Lebensstadien, von denen er drei große Stufen kennt: das ästhetische, das ethische und das religiöse Stadium. So wie Plato die sokratische Existenz, wodurch die Sophistik überwunden wurde, nur darstellen konnte im Anschluß an die große Tragödientradition der griechischen Literatur durch seine Dialoge wirklich lebender Menschen, so schuf auch Kierkegaard einen neuen Stil philosophischer Darstellung, indem er die Hegelianische Sophistik überwand und Existenz durch Existenz darstellte in seinen großen Existenzromanen: „Entweder—Oder" und „Stadien auf dem Lebensweg". Diese einzigartige Ursprünglichkeit und Eindringlichkeit der philosophischen Sprache tritt überall in seinen Werken zutage: in der Abrahamgeschichte von „Furcht und Zittern", in der „Wiederholung", in den Reden über Vogel und Lilie, um zunächst nur die Schriften zu nennen, durch welche man am ehesten Zugang zu dem viel vom Leser fordernden Denker gewinnt. So ist Existenz für ihn jeweiliges Existieren in einem bestimmten Stadium auf dem Lebenswege. Wie in Platons Höhlengleichnis die lebendigen Menschen des gewöhnlichen Alltags in Fleisch und Blut eine bestimmte Stufe des Daseins verkörpern, entweder die unterste der Sinnlichkeit, des naiven Glaubens an die Realität der Schattenbilder

an der Höhlenwand oder die zweite Stufe der Besinnung
des inneren Dialogs zwischen Wahrheit und Irrtum, durch
den der Philosophierende sich aus dem Wahn des Höhlen-
daseins der Masse herausarbeitet und so die dritte, die höchste
Stufe des Schauens der wirklichen Wahrheit der Ideen im
Lichte der obersten Idee der Gottheit außerhalb der Höhle
erreicht, so bilden auch die Stufen der Kierkegaardschen
Existenz eine überraschende Parallele zu diesen drei Stadien
der Sokratischen Existenz. Dem Massendasein im Wahn der
Höhle entspricht das ästhetische Stadium bei Kierkegaard,
dargestellt in der Gestalt Johannes des Verführers als ge-
nießenden Individualisten oder des Don Juan der Mozart-
schen Oper, die ihm als die eindringlichste Sichtbarwerdung
des ästhetischen Daseins teuer war. Kierkegaard selbst machte
das ästhetische Stadium durch als Romantiker und Caféhaus-
literat; aber zugleich wußte er sich auch reflektierend herausgerufen zur Kritik und Überwindung dieser verführeri-
schen Form immer mehr verfeinerten Selbstgenusses, deren
höchste Stufe die Spekulation der Hegelschule darstellte, in
der die klassische Philosophie endgültig zerbricht. Geistesgeschichtlich stellt Kierkegaards Entdeckung der Existenz
den Einbruch des Realismus in die romantische Wirklich-
keitsflucht des spekulativen Idealismus dar. Seine frühen
kritischen und ästhetischen Schriften, in denen er u. a. Kritik
an seinem großen dänischen Zeitgenossen, dem Märchen-
dichter H. C. Andersen, übt, sind so zu verstehen.

Seine Hauptkritik aber gilt der verhängnisvollsten Verführung der Zeit, den Hegelianern, die in Dänemark einen
besonderen Vertreter in Kierkegaards eigentlichem Lehrer,
dem Dozenten Hans Lassen Martensen, hatten, der später
bezeichnenderweise der führende Theologe der 60er Jahre
in Dänemark wurde, dessen „Dogmatik" und „Ethik", auch
ins Deutsche übersetzt, zu den theologischen Lieblings-
büchern unserer Großväter gehörten. Seine Vorlesungen
über spekulative Dogmatik führten den jungen Kierkegaard
ganz intensiv in die Auseinandersetzung mit dem Hegelia-

nismus. Auch aus diesem philosophischen Rausch fühlte er
sich bald herausgerufen durch eine immer tiefere Beunruhi-
gung religiöser Schwermut ganz im Gegensatz zu der spekulativen Hybris der Hegelianischen Dozenten und Pastoren
seiner Umgebung. In seinen Tagebüchern setzt er sich mit
einem Hegelianer auseinander, der den Ernst der Sünde
dadurch zerredet, daß er die dialektische Notwendigkeit des
Bösen als Gegenbegriff zum Guten herausstellt. Die Sünde
war logisch notwendig, um die Erlösung zu ermöglichen.
Kierkegaard schreibt erregt an den Rand seines Tagebuches:
„Damit ist der zürnende Gott nicht versöhnt." Als er den
Abgrund der Selbstvergötzung des Menschen im Hegelschen
Panlogismus sah, reißt er sich los von den Verführungen
des ästhetischen Daseins. Er lernt die spielerische Selbst-
gefälligkeit der romantischen Ironie überwinden durch den
Existenzernst der Sokratischen Ironie, die er zum Thema
seiner Magisterdissertation machte, damit bewußt die be-
freiende Tat des ersten existentiellen Denkers der abend-
ländischen Kultur wiederaufnehmend.

Mit einem entscheidenden Unterschied allerdings, den er
in den „Philosophischen Brocken" und der „Unwissenschaft-
lichen Nachschrift", seiner zentralen philosophischen Abrech-
nung mit dem Hegelianismus, herausstellt. Sokrates stand
noch *vor* der vertieften Einsicht in die sündige Gebrochen-
heit des menschlichen Willens, die erst durch die christliche
Offenbarung gewonnen werden konnte. Sokrates selbst
war Vertreter einer geistesgeschichtlich vollauf berechtigten
„Gräzität": des naiven Glaubens an die Perfektibilität des
Menschen mit der fortschreitenden Vernunft. Das Gute, das
ich nicht tue, ist nur von mir noch nicht erkannt worden.
Tugend ist lehrbar durch Aufklärung über das Gute. Der
Primat des theoretischen Denkens ist bei Sokrates aber wohlgemerkt nicht Selbstzweck, sondern Mittel zum Zweck existierender Verwirklichung des erkannten Guten. Paulus
dagegen zeigt im Römerbrief die intellektuell nicht über-
brückbaren Abgründe der menschlichen Sünde, die theoreti-

sches Erkennen und existierendes Verwirklichen radikal voneinander scheidet. Es gibt das Gesetz in meinem Geist, das das Gute gebietet, und das Gesetz in meinen Gliedern, das diesem Gebot zuwiderhandelt: „Das Gute, das ich will, tue ich nicht, und das Böse, das ich nicht will, das tue ich. Ich armer, elender, sündiger Mensch, wer wird mich erlösen vom Leibe dieses Todes?" Der Übergang vom ästhetischen zum ethischen Dasein geschieht nicht aus eigener Kraft, sondern durch den Sprung der Verzweiflung, das Wagnis des Glaubens, das die Gnade ergreift. Bei Kierkegaard sind die Stadien der Existenz nicht kontinuierlich ineinander übergehende Stufen, sondern jedes der Stadien ist vom anderen durch einen Abgrund der Verzweiflung getrennt, der nur durch den Glaubenssprung in die Gnade zu überwinden ist. Die idealistische Spekulation wollte noch nach der christlichen Offenbarung dieses Abgrundes die Menschen in eine nunmehr anachronistische „Gräzität" zurückversetzen und sie damit um die Existenz betrügen.

Auch das ethische Stadium ist vom religiösen durch einen solchen Abgrund getrennt. Die Klippe, an der hier der Mensch scheitert, ist die „Resignation" (Befriedigung mit dem Zweitbesten statt der absoluten Forderung), d. h. das Spießertum. In der Darstellung dieses Stadiums, das im Grunde Kierkegaards unglückliche Liebe ist, hat er eine radikale Kritik bourgeoiser Selbstzufriedenheit und Saturiertheit gegeben. Dieses ethische Stadium verkörpert für ihn der Gerichtsrat Wilhelm mit seinem naiven Bekenntnis zu Ehe, Beruf, Vaterland. Aber hier fangen die Probleme für den modernen Menschen erst an. Mit der Divinationsgabe des Genies sah Kierkegaard voraus, daß alle diese im 19. Jahrhundert für problemlos sicher gehaltenen Institutionen gerade durch die konventionelle Entscheidungslosigkeit des Spießertums entleert werden mußten, sobald die natürlichen Gesellschaftsordnungen im Massenzeitalter sich auflösten. Eben dieses spürte er mit dem Instinkte eines „Polizeitalentes"; darauf wollte er aufmerksam machen. Auch die religiöse Indifferenz des Staatschristentums seiner Zeit war eine solche, die Wurzeln der menschlichen Existenz bedrohende bürgerliche Resignation. Weder das ethische noch das religiöse Stadium sind für den heutigen Menschen Wagnis und Risiko einer bewußt unternommenen Entscheidung des Sichselbstwählens, durch die der Mensch vom gedankenlosen Massendasein zur ursprünglichen Existenz kommt.

„Wenn alles stille geworden ist um den Menschen, feierlich wie eine sternenklare Nacht, wenn die Seele in der ganzen Welt allein mit sich selbst ist, da tritt ihr nicht ein ausgezeichneter Mensch gegenüber, sondern die ewige Macht selbst; es ist, als ob der Himmel sich öffnete, und das Ich wählt sich selbst, oder vielmehr, es nimmt sich selbst in Empfang. Da hat die Seele das Höchste gesehen, was kein sterbliches Auge sehen kann und was nie vergessen werden kann, da empfängt die Persönlichkeit den Ritterschlag, der sie für die Ewigkeit adelt. Der Mensch wird nicht ein anderer, als er zuvor war, aber er wird er selbst. Wie ein Erbe — und wäre er auch Erbe aller Schätze der Welt — doch nichts davon besitzt, solange er nicht mündig ist, solange ist selbst die reichste Persönlichkeit nichts, bevor sie sich selbst gewählt hat, während anderseits die ärmste Persönlichkeit alles ist, wenn sie sich selbst gewählt hat. Denn das Große ist nicht, dieser oder jener zu sein, sondern man selbst zu sein; und das kann jeder Mensch sein, wenn er will."

Wieder hat Kierkegaard dieses zutiefst an sich selbst erlitten und durchgekämpft. Sein Eintritt in das ethische Stadium war die Verlobung mit der bezaubernden 16jährigen Regine Olsen, die ihn jubeln ließ: „Gott hat mich heimgeholt." Aber schon am Tage nach der Verlobung steht in seinem Tagebuch die bange Frage: „Oder lautet die Ordre weiter?" Wie gerne wäre er mit ihr glücklich geworden, hätte er dem Wunsche des verstorbenen Vaters entsprechend als Theologe seinen bürgerlichen Beruf gefunden! Aber er sah die Fragwürdigkeit und innere Unwahrheit einer Resignationsexistenz, die davon lebt, Geld verdient und Familie

gründet, daß sie darüber schwatzt, daß Jesus am Kreuze
gestorben ist, statt die furchtbare Realität des „Siehe den
Gekreuzigten!" in seiner persönlichen Existenzentscheidung
auszudrücken. Die Qualen der Entlobung, die Mißdeutung
dieses Schrittes in dem zwar mondänen, aber bourgeois ver-
klatschten Kleinparis, „Kóbstaden", die Marktstadt, wie er
bitter sagt, trieben ihn ins Ausland, nach Berlin, wo er
Schelling seit November 1841 in der Universität hörte, in
jener denkwürdigen Vorlesung, der auch Friedrich Engels
und viele Junghegelianer beiwohnten. Engels schildert in
seinen Jugendschriften, wie die damalige Generation durch
den alten Schelling, den Friedrich Wilhelm IV. rief, die
„Drachensaat des Hegelschen Pantheismus" zu zerstören,
durch seine „Philosophie der Offenbarung" gerade in ihrer
maßlosen Polemik gegen den seit zehn Jahren toten Hegel
zu erneuter Beschäftigung mit Hegel wachgerufen wurde.
Auch Kierkegaard gibt in seinem Tagebuch kennzeichnende
Andeutungen über die seltsame Wirkung des verbitterten
philosophischen Romantikers, der sich selbst überlebt hatte.
Wir lesen: „Schelling faselt entsetzlich"; wir hören Schel-
lings erbittertes: „Ich werde morken weiterlesen", weil er
sich über seine Hörer ärgerte. Kierkegaard wurde durch
diese und andere Berliner Eindrücke, die er in der „Wiederholung" klassisch schildert, zusammen mit dem erschüttern-
den Erlebnis seiner Entlobung zu seiner schöpferischen
Aufgabe gerufen: einer neue Horizonte eröffnenden Auseinandersetzung mit dem Hegelianismus und dem ethischen
und religiösen Selbstbetrug der Zeit. Johannes Hohlenberg
gibt in seinen zwei Kierkegaardbüchern, der Biographie und
der Darstellung seiner Werke, die konkreten Einzelheiten
an, die hier in Kürze nicht geschildert werden können.
(S. die beigefügte Zeittafel.) Nur noch so viel, daß Kierkegaard auch den vollen Ernst und die ganze schmerzliche
Schwere des religiösen Stadiums an sich erlebte und be-
währte. Im religiösen Stadium fing das Martyrium erst richtig an. Auf den Ruhm des glänzendsten Schriftstellers des

damaligen Dänemark verzichtete er, indem er nach dem
Erfolg seines ersten Werkes sich in die Pseudonyme flüchtete,
die symbolisch jeweils seinen Appell an die Zeit und sich
selbst ausdrücken (Viktor Eremita, Frater Taciturnus, Vigilius Haufniensis, Climacus und Anticlimacus). Er wollte
nicht, daß die Zeitgenossen wieder um das Wagnis der Entscheidung betrogen würden, indem sie blind einem berühm-
ten Autor folgten. Er wollte und mußte „Skandalon" =
Ärgernis, Wahrheitszeuge, d. h. Märtyrer sein, ohne bürgerlichen Beruf, wie Sokrates, durch die Straßen schlendernd,
seiner Zeit auf die Finger sehend, seine Zeitgenossen ärgernd,
indem er sie aus gewohnten gedankenlosen Ideenassozia-
tionen herausriß durch den spekulativ nicht auflösbaren
Widerspruch des Paradox der menschlichen Existenz. Er
sagte aus eigner Erfahrung, daß die Bewährung des Philosophen heute sei, sich zu Tode grinsen zu lassen von der
Masse, die einstmals Sokrates zum Tode verurteilte. Er, das
überempfindliche Genie von zarter Gesundheit mit einem
fast buckligen, kranken Rücken, ertrug in jeder Nummer
des satirischen Hetzblattes „Der Corsar" eine neue nieder-
trächtige Karikatur seiner Gestalt, des einen zu kurzen
Hosenbeines, seiner Verlobungsgeschichte usw. Er ging durch
das Gewisper und Geraune der Spießergassen, er nahm auf
sich das Spießrutenlaufen durch die höhnenden Blicke von
hoch und niedrig. Er zog auf sich das Kopfschütteln und
die Entrüstung der Professoren und Pastoren, einschließlich
seines eignen Bruders, eines Bischofs. Er sah, daß jede Kulturkrise eine Glaubenskrise ist, und daß das Lippenchristen-
tum der Zeit die größte Glaubens- und damit Kulturkrise
der Gegenwart bringen müsse. Dem galt sein Kirchensturm
in seiner Zeitschrift „Der Augenblick", nach deren letzter,
zehnter Nummer er im Herbst 1855 auf der Straße in Kopenhagen zusammenbrach; seine letzte Kraft, seine letzten
Subsistenzmittel nach jahrelangem, einsamstem Schaffen waren aufgezehrt. Auf schwerem Krankenlager bat er als Letz-
tes vor dem Tode seinen Freund, die Menschen zu grüßen,

die „er so sehr geliebt hätte", und die ihn so einsam gelassen
hatten.

Die Aktualität seines Lebens und Werkes für uns heute
wird dem Leser aus jedem seiner Worte entgegenleuchten.
Denn das Geschehen unserer letzten Jahrzehnte hat sein von
den damaligen Zeitgenossen nicht verstandenes Philosophie-
ren heute zu einer alarmierenden Relevanz erhoben. Er war
weder Individualist noch Subjektivist noch Irrationalist, wie
es oberflächlicher Beurteilung erscheinen möchte, sondern er
ging aus Liebe und Verantwortung für die zerfallende Gesellschaft in die Einsamkeit, um, wie der Philosoph in Platons Höhlengleichnis, die Wahrheit einsam außerhalb der
Höhle zu erringen und dann zurückzukehren, um sie den
im Höhlendasein verlorenen Brüdern zu bringen. Seine Exi-
stenzstadien bilden eine Pyramide, deren breiteste Stufe, das
das ästhetische Stadium, mit der größten seelisch-geistigen
Vermassung beginnt und durch Abgründe der Verzweiflung
im Glaubenswagnis springend vordringt bis zur Spitze der
Selbstfindung, d. h. der Existenz des Einzelnen vor Gott.
Nur durch das Martyrium des Philosophen kann der Ver-
massungstendenz niedergehender Kulturepochen der Neu-
beginn des Herausrufens („Ekklesia") der Menschen als Einzelne vor Gott entgegengestellt werden. Immer wieder
droht die Spekulation in verschiedenen Gestalten, z. B. heute
als antichristlicher Existentialismus, den religiösen Wurzel-
grund von Kierkegaards Existenzbegriff „ausklammernd",
die Neuschöpfung des Menschen aus dem Glauben zu ver-
weltlichen und damit Kierkegaards Ansatz wieder in das
Massenstadium ästhetischer, genießender Selbstvergötterung
herabzuziehen. Dieser Verführung und der aus ihr erwach-
senden Gesellschafts- und Kulturbedrohung entgegenzuarbei-
ten, ist unsere Aufgabe, die wir nur in ständigem Hinblick
auf das Werk Kierkegaards erfüllen können.

Die vorliegende Auswahl ist unter dem Gesichtspunkt
angelegt worden, dem heutigen Menschen diesen Hinblick
auf den christlichen Sokrates Kierkegaard so weit als mög-

lich und tunlich zu erleichtern. Sie sammelte diejenigen Stellen aus Kierkegaards Schriften und Tagebüchern, die auch ohne das schwere Gepäck gelehrter Kommentare für sich selber sprechen können, da sie die unserer Gegenwart notwendigen Werte und Wahrheiten ausdrücken. Das Überzeitliche und Bleibende aus Kierkegaards Werk sollte möglichst ohne historisch-kritischen Apparat unmittelbar zum Menschen der Gegenwart reden. Diese Gedanken Kierkegaards sind über ein Jahrhundert hinweg lebendig gebliebene Anrufe an uns; sie wollen und sollen aufgenommen werden in die Aktualität unseres eigenen Fragens und Wagens. Für Kierkegaards Zeit wie für die unsrige steht im Zentrum des geistigen Ringens das *Verhältnis* des Menschen als *„Einzelner vor Gott"*, ausgedrückt in dem lebenslang sich steigernden Ringen des *Glaubens*. Wir lernen von ihm, daß nur ein wachsender Glaube ein lebendiger Glaube ist, und darum sind entscheidend für uns die Kierkegaard-Stellen über die *Nachfolge Christi* und das existierende *Tatchristentum*. Das aber hat als notwendige Konsequenz Kierkegaards Forderung nach einem Leben der *Verinnerlichung*, des ernstlichen Verwirklichens der christlichen Existenz in *Leiden* und *Askese*, deren der lebendige Glaube bedarf, so wie *Liebe* nie ohne *Strenge* echt sein kann. Dies ernstliche Ringen um die Gnade kann in einer lauten und lärmenden Massenzeit nur vor sich gehen in *Verinnerlichung und Stille*, die aber nicht Weltflucht ist, sondern sich mitten hineinstellt in einen Kampf auf Leben und Tod gegen das widerchristliche Neuheidentum konventioneller Massenexistenz der spießbürgerlichen *Staatskirche*. Nichts von diesen Motiven konnte und durfte aus dem Gedankengut Kierkegaards fehlen; denn eines bedingt das andere. Kierkegaard wehrte sich immer leidenschaftlich gegen die Isolierung einzelner Gedanken seines Werkes. Ihm graute vor dem Zeitalter der Dozenten, die sein Werk dadurch zerstörten, daß sie wegredeten und ausließen, was den Menschen unangenehm war, oder die aus seinem aus echt sokratischem Eros des ewigen Strebens ge-

borenen *Problem*denken wieder ein trügerisch beruhigendes
*System*denken machten. Damit wird aber der religiöse Ernst
seines Existenzbegriffs auf den Massenstandpunkt des ästhetischen Stadiums herabgedrückt. Er wollte nicht systemati-
sches *Regulativ*, sondern ein leidenschaftlich das ewig Frag-
mentarische der offenen Dialektik menschlichen Existierens
in Gang haltendes *Korrektiv* sein. Daher sein zentrales
Paradox: „Die Subjektivität ist die Wahrheit" und zugleich:
„Die Subjektivität ist die Unwahrheit." Diese ewig offene
Zweitakt-Dialektik kann und darf durch kein Dreitakt-
Systemdenken je „mediiert", d. h. in logischer „Versöhnung"
ertötet werden. Alle seine Gedanken zielen auf die eine große
Existenzwahrheit dieses Paradox, das entgegen aller litera-
risch-philosophischen Selbstvergötzung des modernen Menschen das neue Glaubenszentrum aufrichtet: „Gott *schafft*
alles aus Nichts, und alles, was er gebrauchen will, das *macht*
er erst zu Nichts." Anstelle des Sartre-Hegelschen *Homme-
Dieu*, des Menschen, der sich selbst vergottet als *Ens causa
sui*, d. h. das seinen eignen Daseinsentwurf setzt, ermöglicht
Kierkegaard in seiner Paradoxie: „Die Subjektivität ist die
Wahrheit und zugleich die Unwahrheit" den neuen Glau-
bensursprung Luthers: „Simul justus et simul peccator": Ich
bin nur gerecht, indem ich mich als Sünder erkenne. Ich
existiere nur im glaubenden Ergreifen der Gnade: „Justus
ex fide vivit!"

*Dr. theol. Dr. phil. Liselotte Richter*

# ZEITTAFEL

## zu Sören Kierkegaards Leben und Schaffen

| | |
|---|---|
| 5. Mai 1813 | in Kopenhagen als Sohn eines Strumpf- und Wollwarenkaufmanns geboren. |
| 30. Okt. 1830 | als Student immatrikuliert. |
| 9. Aug. 1838 | Tod des Vaters. |
| 3. Juli 1840 | Theologisches Examen bestanden. |
| 10. Sept. 1840 | Verlobung mit Regine Olsen (geb. 1823). |
| 29. Sept. 1841 | Magisterdissertation „Über den Begriff der Ironie mit beständiger Hinsicht auf Sokrates". |
| 11. Okt. 1841 | Aufhebung der Verlobung mit Regine Olsen. |
| 25. Okt. 1841 | Erste Reise Sören Kierkegaards nach Berlin; dort Schellings Vorlesungen gehört (November 1841 bis Februar 1842). |
| Februar 1843 | „Entweder — Oder". |
| 8. Mai 1843 | Zweite Reise nach Berlin; dort „Die Wiederholung" begonnen. |
| 7. Okt. 1843 | „Furcht und Zittern" und „Wiederholung" erschienen. |
| 13. Okt. 1843 | „Drei erbauliche Reden". |
| 13. Juni 1844 | „Philosophische Brocken". |
| 17. Juni 1844 | „Der Begriff Angst". |
| 30. April 1845 | „Stadien auf dem Lebenswege". |
| 13. Mai 1845 | Dritte Reise nach Berlin. |
| 2. Jan. 1846 | Beginn der Schmähartikel und Karikaturen gegen Kierkegaard im „Corsaren". |
| 27. Febr. 1846 | „Abschließende unwissenschaftliche Nachschrift". |
| 2.—16. Mai 1846 | Vierte Reise nach Berlin. |
| 13. März 1847 | „Vogel und Lilie" (Erbauliche Reden). (Später weitere Reden zu diesem Thema.) |
| 29. Sept. 1847 | „Taten der Liebe". |

| | |
|---|---|
| 4. Nov. 1847 | Besuch bei Bischof Mynster („Er war sehr kühl gegen mich"). |
| 26. Apr. 1848 | „Christliche Reden". |
| Apr.—Nov. 1848 | Innerliche Krisen und Todesgedanken. |
| 30. Juli 1849 | „Die Krankheit zum Tode". |
| August 1850 | „Einübung im Christentum", „Über meine Verfasser-Wirksamkeit". |
| 10. Sept. 1851 | „Zur Selbstprüfung, der Gegenwart empfohlen von Sören Kierkegaard". |
| Dez. 1854 | „War Bischof Mynster ein Wahrheitszeuge?" (Artikel Sören Kierkegaards in „Faedrelandet"). |
| 1855 | Weitere Artikel zu diesem Thema, besonders „Was ich will?" (März 1855). |
| Ende Mai bis 25. Sept. 1855 | „Der Augenblick", Nr. 1—10: Kierkegaards Kritik am Kirchenchristentum seiner Zeit. |
| 20. Okt. 1855 | Kierkegaard kommt ins Fredriks-Hospital. |
| 11. Nov. 1855 | Tod Sören Kierkegaards. |

# AUS KIERKEGAARDS
# WERKEN UND TAGEBÜCHERN

# DAS GOTTESVERHÄLTNIS

## 1

## Die Geburt des Erlösers

Heute ist euch ein Erlöser geboren worden, — und doch war es Nacht, als er zur Welt kam.

Dies ist ein ewiges Bild: Nacht muß es sein, — und Tag wird es mitten in der Nacht, wenn der Erlöser geboren wird.

Heute —: das ist eine ewige Zeitangabe, so wie wenn Gott sagt: „heute", und wie wenn Bücher mit der Angabe „gedruckt in diesem Jahr" herauskommen. Das wiederholt sich von Geschlecht zu Geschlecht für jeden Einzelnen in diesen Millionen, und jedes Mal, wenn einer in Wahrheit Christ wird, heißt es: heute ist dir ein Erlöser geboren worden.

## 2

## Innerlichkeit und unmittelbares Gottesverhältnis

... Erst wenn sich der einzelne Mensch in sich selbst kehrt, — also erst in der Innerlichkeit der Selbsttätigkeit wird er aufmerksam und fähig, Gott zu sehen. Das unmittelbare Verhältnis zu Gott ist geradezu Heidentum —: erst wenn der Bruch vollzogen ist, kann von einem wahren Gottesverhältnis die Rede sein. Aber gerade dieser Bruch ist der erste Akt der Innerlichkeit in Richtung auf die Bestimmung, daß die Wahrheit die Innerlichkeit ist. Wohl ist die Natur das Werk Gottes; aber was unmittelbar zu Stelle ist, ist das Werk und nicht Gott. Heißt das nicht, sich im Verhältnis zu dem einzelnen Menschen wie ein trügerischer Verfasser benehmen, der das Ergebnis seiner Untersuchung an keiner Stelle mit großen Buchstaben angibt oder es einem im Vorwort von vornherein an die Hand gibt? Warum ist Gott trügerisch? Gerade deswegen, weil er die Wahrheit ist und dadurch den Menschen vor Unwahrheit bewahren will. Der Betrachter gelangt nicht unmittelbar zum Ergebnis, sondern muß sich selber um es kümmern und muß das unmittelbare Verhältnis mit ihm brechen. Aber gerade dieser Bruch ist der Durchbruch der Innerlichkeit, ist der Akt der Selbsttätigkeit, die erste Bestimmung davon, daß die Wahrheit die Innerlichkeit ist. Oder ist Gott nicht so unbemerkbar, so verborgen in seinem Werk vorhanden, daß ein Mensch wohl eben so gut so dahinleben, heiraten, geachtet und angesehen sein könnte als Mann, Vater und Schützenkönig, ohne Gott in seinem Werk zu entdecken, ohne ein einziges Mal so recht einen Eindruck von der Unendlichkeit des Ethischen zu bekommen, weil er sich mit einer Analogie zu der spekulativen Verwechslung des Ethischen und des Weltgeschichtlichen half, indem er sich mit Sitte und Brauch in der Stadt half, in der er lebte? Wie eine Mutter ihr Kind ermahnt, wenn es zu einer Gesellschaft gehen soll: „Schick dich gut und benimm dich so, wie du es von anderen artigen Kindern siehst", so könnte auch er dahinleben und sich benehmen, wie er es von den anderen sieht. Nie würde er etwas zuerst tun und nie eine Meinung haben, von der er nicht zunächst wüßte, daß auch die anderen sie haben; denn dieses „die anderen" ist gerade sein Erstes. Bei außerordentlichen Gelegenheiten würde er sich so benehmen wie einer, der, wenn in einer Gesellschaft ein Gericht aufgetragen wird, nicht weiß, wie es gegessen werden muß, und nun umherspäht, bis er es den anderen absieht usw. So einer könnte vielleicht viel, vielleicht auch das ganze System auswendig wissen, vielleicht könnte er in einem christlichen Lande leben, könnte wissen, wie man sich bei Nennung von Gottes Namen verbeugt, — vielleicht könnte er Gott auch in der Natur erblicken, wenn er in Gesellschaft mit anderen Männern war, die Gott sahen —: kurz, er könnte ein angenehmer Gesellschafter sein, und trotzdem wäre er um das unmittelbare Verhältnis zur Wahrheit, zum Ethischen und zu Gott betrogen. Wollte man so einen Menschen versuchsmäßig darstellen, würde er eine Satire auf das Menschsein abgeben.

Was einen Menschen zum Menschen macht, ist eigentlich das Gottesverhältnis, und gerade dies geht dem Gesellschafter ab, obwohl ihn jeder unbedenklich für einen wirklichen Menschen ansehen würde (denn daß die Innerlichkeit fehlt, sieht man ja nicht unmittelbar); er ist doch eher eine Marionettenfigur, die alles äußerlich Menschliche sehr täuschend nachahmt, — sogar daß er mit seiner Frau Kinder in die Welt setzt. Aber am Ende seines Lebens muß man von ihm sagen, eines sei ihm entgangen: er ist nicht auf Gott aufmerksam geworden.

Könnte Gott ein unmittelbares Verhältnis zulassen, so wäre der Gesellschafter auf Gott gewiß aufmerksam geworden. Wenn Gott also die Gestalt eines seltenen, ungeheuer großen Vogels mit rotem Schnabel annähme, auf der städtischen Umwallung oben auf einem Baume säße und vielleicht auf ungewöhnliche Weise pfiffe, so würde der Gesellschafter gewiß die Augen aufmachen; dann wäre er zum ersten Male in seinem Leben imstande, der erste zu sein. Hierin liegt ganzes Heidentum, daß Gott sich zu dem Menschen unmittelbar verhält wie das Auffallende zu dem verwunderten Menschen. Aber das wahre geistige Verhältnis zu Gott, also die Innerlichkeit ist gerade in erster Linie durch den Durchbruch der Verinnerlichung bedingt, was der göttlichen Hinterlist entspricht, daß Gott nichts, gar nichts Auffallendes an sich hat, — ja, daß er vom Auffallendsten bis zur Unsichtbarkeit entfernt ist, so daß einem seine Anwesenheit gar nicht zu Bewußtsein kommt, während seine Unsichtbarkeit wiederum seine Allgegenwärtigkeit ist.

Ein Allgegenwärtiger ist jedoch einer, den man überall

sehen muß, wie etwa einen Schutzmann. Wie trügerisch ist es also, daß ein Allgegenwärtiger gerade und ausschließlich an der Tatsache seiner Unsichtbarkeit kenntlich ist; denn seine Sichtbarkeit wäre ja geradezu die Aufhebung der Allgegenwärtigkeit. Dieses Verhältnis zwischen Allgegenwärtigkeit und Unsichtbarkeit ist vergleichsweise wie das zwischen Geheimnis und Offenbarung: das Geheimnis ist der Ausdruck dafür, daß die Offenbarung eine Offenbarung in strengerem Sinne ist, so daß gerade am Geheimnis die Offenbarung zu erkennen ist, da ja sonst die Offenbarung zu etwas Ähnlichem würde wie die Allgegenwärtigkeit des Schutzmanns.

Wollte sich Gott in menschlicher Gestalt offenbaren und sich ein unmittelbares Verhältnis dadurch geben, daß er sich beispielsweise die Gestalt eines sechs Ellen großen Mannes gäbe, so würde jener — um des Versuchs willen angeführte — Gesellschafter und Schützenkönig schon aufmerksam werden. Aber das wahre Geistesverhältnis verlangt, wenn Gott nicht betrügen will, geradezu, daß die Gestalt gar nichts Auffallendes an sich hat, so daß der Gesellschafter sagen muß: „Da ist ja nicht das geringste zu sehen." Wenn Gott gar nichts Auffallendes an sich hat, so betrügt sich der Gesellschafter vielleicht damit, daß er überhaupt nicht aufmerksam wird. Aber daran ist Gott unschuldig, und die Möglichkeit des Betrugs ist zugleich und immer die Möglichkeit der Wahrheit.

Wenn jedoch Gott etwas Augenfälliges wäre, so würde er dadurch betrügen, daß der Mensch auf die Unwahrheit aufmerksam würde, und diese Aufmerksamkeit ist zugleich die Unmöglichkeit der Wahrheit. Im Heidentum ist das unmittelbare Gottesverhältnis Götzendienst; aber im Christentum weiß jeder, daß sich Gott auf unmittelbare Weise nicht zeigen kann. Aber dieses Wissen ist keineswegs die Innerlichkeit, und im Christentum kann es einem Auswendigwisser wohl geschehen, daß er ganz ohne Gott in der Welt lebt, wie es im Heidentum nicht der Fall war; denn da bestand doch das unwahre Verhältnis der Götzenverehrung. Allerdings ist Abgötterei ein kläglicher Ersatz; aber noch verrückter ist es, wenn der Artikel „Gott" ganz ausgeht.

### 3

## Menschenleben und Gott

Soll das Leben eines Menschen nicht ganz unwürdig geführt werden wie das eines Tieres, das niemals sein Haupt erhebt, — soll es nicht verändelt werden und sich leer mit dem abgeben, was, solange es anhält, Eitelkeit ist, und was, wenn es vorbei ist, ein Nichts ist, — soll es auch nicht emsig in dem aufgehen, was freilich im Augenblick gehaltvoll klingt, aber in der Ewigkeit keinen Widerhall gibt, — soll, sage ich, das Leben eines Menschen nicht in Untätigkeit verschlafen oder in Geschäftigkeit vertan werden, so muß etwas Höheres vorhanden sein, durch das es einen Zug nach oben bekommt. Dieses Höhere kann nun etwas sehr Verschiedenes sein; doch wenn es in Wahrheit und zu jedem Augenblick emporzuziehen imstande sein soll, so darf es selber keinem Wechsel und keiner Veränderung unterworfen sein; vielmehr muß es jegliche Veränderung siegreich durchlaufen haben, es muß verklärt sein wie das verklärte Leben eines Verstorbenen.

### 4

## Der Mensch im Frieden der Natur

Wer wahre Demut lernen will, tut gut daran, sich vor dem Getümmel der Welt zurückzuziehen, und wir sehen ja, daß sich auch Christus zurückzieht, sowohl wenn er sich aufmacht und den dornenvollen Weg betritt, wie auch dann, als ihn das Volk zum König ausrufen will.

Im Leben ist ja entweder der entmutigende oder der erhebende Eindruck zu übermächtig, als daß wahres Gleichgewicht zustande kommen könnte. Hier entscheidet natürlich die Individualität in hohem Grade; denn wie fast jeder Philosoph die Wahrheit gefunden zu haben glaubt und wie beinahe jeder Dichter meint, er habe die Höhe des Parnaß erstiegen, so finden wir andererseits viele, die ihr Sein völlig an einen Anderen anknüpfen, — gleichsam wie ein Schmarotzergewächs an der Pflanze, — und in diesem Anderen leben und sterben sie, wie es beispielsweise die Franzosen in ihrem Verhältnis zu Napoleon tun.

Aber mitten in der Natur, wo der Mensch von der oft stickigen Luft des Lebens befreit ist und freier atmet, erschließt sich die Seele willig jedem edlen Eindruck. Hier tritt der Mensch heraus als Herr der Natur; aber gleichzeitig fühlt er, daß sich in der Natur etwas Höheres offenbart, — ein Etwas, vor dem er sich beugen muß; er empfindet ein inneres Bedürfnis, sich jener Macht hinzugeben, die das Ganze lenkt. Natürlich rede ich hier nicht von jenen, die in der Natur nichts Höheres erblicken, sondern nur Masse, — also Leute, die in Wirklichkeit den Himmel als Käseglocke und die Menschen als Maden darin betrachten. Nein, — wer die Natur recht auf sich wirken läßt, fühlt sich zugleich groß und klein.

5

## Das Gottesverhältnis als Maß des Menschen

Die Größe eines Menschen hängt einzig und allein von der Stärke des Gottesverhältnisses in ihm ab.

6

### Selbstbetrachtung im Spiegel der Bibel

Als erstes wird gefordert, daß du nicht *auf* den Spiegel siehst und nicht *den* Spiegel betrachtest, sondern daß du *dich selber* im Spiegel siehst.

Das scheint so einleuchtend, daß man meinen sollte, es brauche gar nicht erst gesagt zu werden. Gleichwohl ist es vonnöten, und was mich in dieser meiner Ansicht bestärkt, ist der Umstand, daß diese Bemerkung nicht von mir selber stammt, auch nicht von einem, den man heutzutage einen frommen Mann nennt, — also einen Mann, der so ein paar fromme Stimmungen hat, — nein, die Bemerkung rührt von einem Wahrheitszeugen her, von einem Blutzeugen, und solche Herrlichen wissen ja gut Bescheid.

Er warnt vor dem Fehlsehen und vor dem Betrachten des Spiegels, statt sich selber im Spiegel zu besehen. Diese Bemerkung wende ich lediglich an und frage dich also, lieber Zuhörer: ist das nicht auf unsere Zeit und unsere Verhältnisse und überhaupt auf die späteren Zeiten der Christenheit wie gemünzt?

Der Spiegel ist nämlich „Gottes Wort", — aber, aber ... o, was für eine unüberschaubare Weitläufigkeit! Wieviel gehört in strengerem Sinne zu Gottes Wort? Welche Bücher sind echt? Stammen sie auch wirklich von den Aposteln, und sind sie auch zuverlässig? Haben die Apostel selber alles gesehen, oder haben sie Verschiedenes vielleicht doch nur vom Hörensagen? Und dann die Lesarten, — dreißigtausend verschiedene Lesarten! Und dann dieses Gewimmel und Gedränge von Gelehrten und Ansichten, von gelehrten und ungelehrten Meinungen über die Art, wie die einzelne Stelle zu verstehen ist ... ! Nicht wahr, — das sieht doch etwas weitläufig aus?!

Gottes Wort ist der Spiegel, — beim Lesen oder Hören soll ich mich im Spiegel betrachten. Doch siehe, — das mit dem Spiegel verwirrt sich dermaßen, daß ich wohl nie dazu komme, mich in ihm zu erblicken, — wenigstens dann nicht, wenn ich diesen Weg einschlage. Fast könnte man sich zu der Annahme versucht fühlen, daß hier eine durchaus menschliche Hinterlist mit im Spiele ist. Ach, es ist ja wahr, daß wir Menschen im Verhältnis zu Gott, zum Göttlichen und zur gottesfürchtigen Wahrheit so hinterlistig sind, daß es durchaus nicht so ist, wie wir einander weismachen möchten, daß wir nämlich Gottes Willen so gerne tun würden, wenn wir ihn bloß in Erfahrung bringen könnten ... Fast könnte man sich zu der Annahme gedrängt sehen, die Hinterlist bestünde darin, daß wir Menschen uns nicht gern in diesem Spiegel betrachten und auf all das deswegen gekommen sind, um den Spiegel unbrauchbar zu machen, — all das, was wir mit dem lobenden Namen gelehrten, gründlichen und ernsthaften Forschens und Grübelns beehren.

Lieber Zuhörer, — wie hoch steht Gottes Wort bei dir im Preis? Sage nun nicht, es wäre in deinen Augen so wertvoll, daß kein Ausdruck es bezeichnen könne; denn man kann auch so hoch reden, daß man überhaupt nichts sagt. Damit aus dieser Sache etwas wird, wollen wir ein einfaches menschliches Verhältnis nehmen, und falls Gottes Wort bei dir noch höher im Preis steht, — nun gut: je mehr, desto besser.

Denke dir also einen Liebenden, der von seiner Geliebten einen Brief bekommen hat. So teuer wie dieser Brief für den Liebenden ist, ebenso teuer, nehme ich an, ist dir Gottes Wort, und so wie der Liebende diesen Brief liest, ebenso nehme ich an, liest du Gottes Wort, und ebenso meinst du, es lesen zu sollen.

**Doch da sagst du dir vielleicht:** „Ja, aber die Heilige Schrift ist in einer fremden Sprache geschrieben." Zunächst braucht die Heilige Schrift in der Grundsprache doch wohl eigentlich nur von den Gelehrten gelesen zu werden; aber wenn du es nicht anders willst und also daran festhalten willst, die Schrift in der Grundsprache zu lesen —: nun gut, wir können bei dem Bilde dieses Briefes bleiben und fügen lediglich eine kleine Bestimmung hinzu.

So nehme ich denn an, der Brief der Geliebten sei in einer Sprache geschrieben, die der Liebende nicht versteht, und keiner sei da, der ihm den Brief übersetzen könne, und vielleicht wünsche er nicht einmal solche Hilfe, um keinen Unberufenen in seine Geheimnisse einzuweihen. Was tut er? Er nimmt ein Wörterbuch zur Hand, macht sich daran, den Brief durchzubuchstabieren, und schlägt jedes Wort nach, um auf solche Weise eine Übersetzung zu bewerkstelligen. Nehmen wir nun an, mitten in dieser Arbeit käme ein Bekannter zu ihm. Der Besucher weiß von der Ankunft des Briefes. Er blickt über den Tisch hin, sieht ihn da liegen und sagt: „Nun, hier sitzt du und liest den Brief deiner Geliebten?" Was, meinst du, wird der andere wohl sagen? Er erwidert: „Bist du von Sinnen? Glaubst du, das hieße man, einen Brief der Geliebten lesen? Nein, mein Freund, — ich placke mich damit ab, ihn mit Hilfe eines Wörterbuches zu übersetzen. Manchmal könnte ich vor Ungeduld beinahe platzen, das Blut steigt mir zu Kopf, so daß ich das Wörterbuch am liebsten auf den Boden werfen möchte, — und so etwas nennst du: lesen?! Du willst dich wohl über mich lustig machen?! Nein, — bald bin ich — Gott sei Lob! — mit der Übersetzung fertig, und dann, — ja, dann mache ich mich ans Lesen des Briefes. Das ist doch etwas ganz anderes! — Doch zu wem sage ich das? ... Dummkopf, geh mir aus den Augen, ich mag dich nicht sehen, da es dir in den Sinn kommen konnte, die Geliebte und mich dermaßen zu kränken, indem du das einen Brief der Geliebten lesen nennst! ... Doch bleib, bleib! Du weißt genau, es ist nur ein Scherz von mir; ich sähe es sogar sehr gerne, wenn du bliebest. Aber — ehrlich gesagt — ich habe jetzt keine Zeit, ich habe noch ein Stück zu übersetzen und kann es kaum abwarten, daß ich endlich ans Lesen komme. Sei mir daher nicht böse und geh, damit ich fertig werden kann."

So macht also der Liebende gegenüber dem Brief der Geliebten einen Unterschied zwischen Lesen und Lesen, — zwischen dem Lesen mit Hilfe des Wörterbuches und dem eigentlichen Lesen des Briefes. Vor Ungeduld steigt ihm das Blut zu Kopf, wenn er dasitzt und beim Lesen mit dem Wörterbuch zaudert; er wird wie rasend, da sein Freund dieses gelehrte Lesen ein Lesen des Liebesbriefs zu nennen wagt. Nun ist er mit der Übersetzung fertig, und nun liest er den Brief von der Geliebten. Alle diese sozusagen gelehrte Vorarbeit betrachtete er als ein notwendiges Übel, damit er sich ans Lesen des Briefes machen könne.

Wir wollen dieses Bild nicht zu früh verlassen. Nehmen wir an, der Brief der Geliebten enthalte, wie es bei solchen Briefen wohl üblich ist, nicht bloß Äußerungen des Gefühls, sondern auch einen Wunsch, den die Geliebte von dem Liebenden gerne erfüllt sähe. Nehmen wir an, viel, sehr viel sei von ihm verlangt, so daß man — würde wohl jeder Dritte sagen — eigentlich guten Grund hat, sich die Sache erst einmal zu überlegen. Aber der Liebende erhebt sich in derselben Sekunde, um den Wunsch der Geliebten auf der Stelle zu erfüllen. Nehmen wir an, nach Verlauf einiger Zeit träfen sich die Liebenden, und da spräche die Geliebte: „Aber, Lieber, das habe ich doch gar nicht von dir verlangt! Du mußt das Wort verkehrt verstanden oder verkehrt übersetzt haben ..." Glaubst du, der Liebende bereue nun, daß er, statt sofort in derselben Sekunde dem Wunsche eilfertig nachzukommen, sich nicht erst ein paarmal bedacht und dann vielleicht noch ein paar Wörterbücher mehr zur Hilfe genommen habe, dadurch seiner Sache noch ungewisser geworden sei und dann vielleicht das Wort richtig übersetzt habe und also frei wäre, — glaubst du, er bereue diesen seinen Fehlgriff? Glaubst du, er gefalle der Geliebten nun weniger?

Denke dir ein Kind, recht so eines, was man einen flinken und tüchtigen Schüler nennt. Als der Lehrer ihm eines Tages die Aufgabe für den nächsten Tag gegeben hatte, sagte er: „Nun will ich sehen, ob ihr eure Sache morgen gut könnt."

Das machte auf unseren anstelligen Schüler tiefen Eindruck.
Er kommt aus der Schule heim und setzt sich rasch an die
Arbeit. Aber er hat nicht ganz genau zugehört, wie weit sie
zu lernen haben. Was tut er? Die Ermahnung des Lehrers
hat ihm Eindruck gemacht, er lernt wohl doppelt soviel,
wie nachweislich aufgegeben wurde: glaubst du, der Lehrer
denke nun weniger gut von ihm, weil er eine doppelt so
lange Aufgabe ganz ausgezeichnet kann? Denke dir nun
einen zweiten Schüler: auch er hörte die Ermahnung des
Lehrers, und auch er paßte nicht genau auf, wie weit sie
lernen sollten. Als er nun heimkam, sagte er: „Ich muß erst
einmal feststellen, wie weit wir zu lernen haben." So ging
er zu einem Kameraden und dann zu einem anderen, der
ebenfalls nicht daheim war; statt dessen kam er ins Gespräch
mit dessen älterem Bruder, und endlich kam er heim, die
Zeit war dahingegangen, und er hatte nichts gelernt.

Kehren wir nun zu dem Liebenden zurück: er machte, wie
gesagt, bei dem Briefe der Geliebten einen Unterschied zwischen Lesen und Lesen; ferner verstand er das Lesen so, daß,
wenn im Brief ein Wunsch enthalten war, man dessen Erfüllung sofort in die Hand nehmen solle, — keine Minute sei
zu verlieren.

Denke nun an Gottes Wort. Wenn du Gottes Wort gelehrt
liest (wir setzen die Gelehrsamkeit keineswegs herab), —
wenn du also Gottes Wort gelehrt, das heißt: mit Wörterbuch usw. liest, so liest du nicht Gottes Wort. Erinnere dich
an den Liebenden, der sagte: „Das heiße ich nicht den Brief
der Geliebten lesen." Bist du also ein Gelehrter, so passe gut
auf und vergiß nicht über all dem gelehrten Lesen, Gottes
Wort zu lesen; denn gelehrt lesen, heißt nicht, Gottes Wort
lesen. Bist du kein Gelehrter, — o, beneide den Gelehrten
nicht, sondern freue dich, daß du zum Lesen von Gottes
Wort sofort gelangen kannst!

Kommt nun darin ein Wunsch, ein Gebot oder ein Befehl
vor, so denke an den Liebenden und erhebe dich sofort, um
dem Erwarteten nachzukommen.

Aber nun sagst du vielleicht: „In der Heiligen Schrift gibt es so viele dunkle Stellen, ganze Bücher sind fast wie Rätsel." Hierauf möchte ich antworten: um mich auf diese Einwendung einzulassen, müßte sie von einem gemacht werden, dessen Leben ausdrückte, daß er all den leichtverständlichen Stellen genau nachgekommen ist. Ist das bei dir der Fall?

Der Liebende würde sich gegenüber dem Briefe folgendermaßen verhalten: wären darin dunkle Stellen, aber auch deutlich ausgedrückte Wünsche, so würde er sagen: „Ich will rasch dem Wunsche nachkommen und kann hernach sehen, wie es mit den dunklen Stellen wird. Wie könnte ich mich hinsetzen, um über die dunklen Stellen nachzusinnen, und den so deutlich verstandenen Wunsch unerfüllt lassen?"

Das will heißen: was dich beim Lesen von Gottes Wort verpflichtet, sind nicht die dunklen Stellen, sondern das, was du verstehst, und dem hast du augenblicklich nachzukommen. Wäre in der Heiligen Schrift nur eine einzige Stelle, die du verstehst, — wohlan, so hast du vorerst nach dieser einen zu handeln; aber nicht hast du dich zuerst hinzusetzen und über die dunklen Stellen nachzusinnen. Gottes Wort ist gegeben, damit du danach handelst, und nicht etwa deswegen, damit du dich in der Auslegung dunkler Stellen üben sollst. Liest du Gottes Wort, ohne zu bedenken, daß dich die geringste, von dir verstandene Stelle augenblicklich dazu verpflichtet, danach zu handeln, so liest du nicht Gottes Wort.

So meinte es auch der Liebende: „Wenn ich, statt augenblicklich zur Erfüllung des von mir verstandenen Wunsches zu eilen, mich hinsetzen und über das Nichtbegriffene nachsinnen will, so lese ich nicht den Brief meiner Geliebten. Mit gutem Gewissen kann ich vor die Geliebte hintreten und ihr sagen: ‚In deinem Brief waren ein paar dunkle Stellen; da habe ich mir gesagt: kommt Zeit, kommt Rat. Aber darin stand ein Wunsch, ihn verstand ich, und daher habe ich ihn augenblicklich erfüllt.' Dagegen kann ich nicht mit gutem Gewissen vor sie hintreten und sagen: ‚In deinem Brief standen ein paar dunkle Stellen, die ich nicht verstand;

da setzte ich mich hin und sann darüber nach, und zu deinem Wunsche, den ich genau verstand, sagte ich mir: kommt Zeit, kommt Rat.' ..."

Doch fürchtest du vielleicht, gegenüber Gottes Wort würde es dir genauso gehen wie dem Liebenden mit dem Brief (wiewohl solche Furcht gegenüber einer Forderung Gottes grundlos ist), — vielleicht fürchtest du also, du könntest zuviel tun, und durch Nachschlagen in einem weiteren Wörterbuche würdest du feststellen, so viel sei nun doch nicht verlangt worden. O mein Freund, — mißfiel es denn der Geliebten, daß der Liebende zuviel getan hatte? Was, glaubst du, würde der Liebende sagen, wenn er vor dem Zuvieltun solche Furcht hegen sollte? Er würde sagen: „Wer befürchtet, er könne zuviel tun, liest nicht den Brief der Geliebten", und er würde sagen: er liest auch nicht Gottes Wort.

Dieses Bild von dem Brief der Geliebten wollen wir noch nicht verlassen. Als der Liebende dasaß und mit Hilfe eines Wörterbuches die Übersetzung des Briefes vornahm, wurde er durch den Besuch eines Bekannten gestört. Da wurde er ungeduldig; „aber", würde er gewiß sagen, „das war bloß, weil ich aufgehalten wurde; denn sonst wäre es ja einerlei, — dieses Mal las ich ja den Brief noch gar nicht. Ja, wäre er zu mir hereingekommen, während ich den Brief wirklich las, so wäre das etwas ganz anderes, das wäre eine richtige Störung gewesen. Dagegen soll ich mich schon sichern: bevor ich mit dem Lesen anfange, verschließe ich meine Tür und bin für keinen zu sprechen; denn ich will ungestört sein, — ungestört und allein mit dem Brief. Werde ich gestört, lese ich auch nicht den Brief der Geliebten."

Er will allein sein, er will ungestört allein mit dem Brief sein, — „sonst", sagt er, „lese ich nicht den Brief der Geliebten".

So ist es auch mit dem Worte Gottes: wer nicht mit Gottes Wort allein ist, liest nicht Gottes Wort.

Allein mit Gottes Wort! — Lieber Zuhörer, laß mich hier ein Selbstbekenntnis ablegen: ich wage noch nicht recht, mit

Gottes Wort so allein zu sein, daß sich keine Sinnestäuschung einschleicht. Laß mich auch noch dieses eine sagen: nie habe ich einen Menschen gesehen, von dem ich glauben durfte, er besitze Aufrichtigkeit und Mut, um mit Gottes Wort so allein zu sein, daß sich keine, gar keine Sinnestäuschung einschleiche ...

Mit der Heiligen Schrift allein sein, — das wage ich nicht! Wenn ich sie dennoch aufschlage, so nimmt mich die erste beste Stelle augenblicklich gefangen; sie fragt mich, — ja, es ist, als ob Gott selber fragte: hast du getan, was du liest? ... Dann, dann ... ja, dann bin ich gefangen. Dann heißt es: entweder sofort handeln oder augenblicklich ein demütigendes Geständnis ablegen.

O, mit der Heiligen Schrift allein sein...! Und bist du es nicht, so liest du nicht die Heilige Schrift....

Allein muß man mit Gottes Wort sein, so wie der Liebende mit dem Brief allein sein wollte; denn sonst läse er ja nicht den Brief der Geliebten, — und sonst liest man ja auch nicht Gottes Wort oder sonst sieht man sich nicht im Spiegel. Und gerade das ist es doch, was wir tun sollten und sogar als erstes tun sollten, wenn wir uns selber mit Segen im Spiegel des Worts betrachten wollen: nicht auf den Spiegel sollen wir schauen, sondern wir sollen uns im Spiegel sehen. Bist du gelehrt, so sei dieses einen eingedenk: liest du Gottes Wort nicht anders, so kannst du dein ganzes Leben lang viele Stunden täglich in Gottes Wort gelesen haben und hast schließlich Gottes Wort doch nie gelesen. Mache also den Unterschied, daß du außer dem gelehrten Lesen auch zum Lesen von Gottes Wort kommst, oder gestehe dir wenigstens selber ein, daß du — trotz deinem täglichen gelehrten Lesen in der Bibel — Gottes Wort nicht liest und daß du mit ihm überhaupt nichts zu tun haben willst. Bist du nicht gelehrt, so hast du um so weniger Anlaß zum Fehlsehen. Also: rasch auf das Wesentliche zugeschritten! Halte dich nicht mit dem Betrachten des Spiegels auf, sondern gehe schnell ans Betrachten deiner selbst im Spiegel!

Doch: wie liest man Gottes Wort wohl in der Christenheit? Sollten wir in zwei Klassen eingeteilt werden (denn auf einzelne Ausnahmen kann keine Rücksicht genommen werden), so müßte man wohl sagen: ein größerer Teil liest Gottes Wort nie, und ein kleinerer Teil liest es so oder so gelehrt, — das heißt: diese Leute lesen nicht Gottes Wort, sondern betrachten den Spiegel. Oder, um das gleiche mit anderen Worten zu sagen: ein größerer Teil betrachtet Gottes Wort wie eine veraltete, altertümliche Schrift, die man beiseite setzt, und ein kleinerer Teil betrachtet Gottes Wort wie eine äußerst merkwürdige, altertümliche Schrift, auf die man erstaunlichen Fleiß, großen Scharfsinn usw. verwendet, — um also den Spiegel zu betrachten.... Und nun Gottes Wort! — „Mein Haus ist ein Bethaus, aber ihr habt es in eine Mördergrube verwandelt." Gottes Wort, — was ist das nach seiner Bestimmung und worin haben wir es verwandelt?

All dieses vielfältige Auslegen, all diese Wissenschaft samt ihren immer durch Neues abgelösten Einsichten, — all das vollzieht sich unter der feierlichsten, ernsthaftesten Form; das alles, sagt man, geschehe nur deswegen, um Gottes Wort richtig zu verstehen. Siehst du jedoch näher hin, so wirst du erkennen, daß es deswegen geschieht, um sich gegen Gottes Wort zu wehren. Nur allzu leicht ist es, die Forderungen zu verstehen, die in der Bibel stehen: „gib all deine Habe den Armen", — „schlägt dich einer auf die rechte Wange, so kehre ihm die linke zu", — „nimmt einer deinen Rock, so gib ihm auch den Mantel", — „seid immerdar fröhlich", — „nehmt es für eitel Freude, wenn ihr in mancherlei Anfechtung fallt" usw. All das ist genauso leicht zu verstehen wie die Bemerkung: „Heute ist schönes Wetter", — eine Aussage, die in gewisser Hinsicht nur dann schwierig zu verstehen wäre, wenn zu ihrer Auslegung eine ganze Literatur entstünde.

Auch der allerbeschränkteste Tropf muß wahrheitsgemäß zugeben, daß er die Forderungen der Bibel verstehen kann; aber Fleisch und Blut fällt es schwer, sie verstehen zu *wollen*

und nach ihnen handeln zu *sollen*. Menschlich ist es, meine
ich, wenn sich ein Mensch dagegen sträubt, daß das Wort
Macht über ihn bekommen soll, — will kein anderer es zugeben, so gestehe ich, daß es bei mir der Fall ist. Menschlich
ist es, daß einer Gott bittet, er möge Geduld mit ihm haben,
wenn er nicht sofort kann, was er soll, aber gleichwohl ver-
spricht, danach zu streben. Menschlich ist es, Gott zu bitten,
er möge Mitleid mit dem Menschen haben, da für ihn die
Forderung zu hoch sei: will kein anderer das zugeben, so
gestehe ich ein, daß dies auf mich zutrifft. Aber nicht ist es
menschlich, der Sache eine ganz andere Wendung zu geben.
Nicht ist es menschlich, wenn ich voller List zwischen Bibel
und mich eine Schicht nach der anderen, Auslegung und Wissenschaft und wieder Wissenschaft lege, so wie etwa ein Junge
sich ein Tuch oder mehrere unter die Jacke legt, wenn er
Prügel bekommen soll, — nicht menschlich also ist es, wenn
ich all das zwischen das Wort und mich einschiebe, dieser
Auslegung und Wissenschaftlichkeit den Namen von Ernst-
haftigkeit und Wahrheitseifer gebe und diese Beschäftigung
zu einer solchen Weitläufigkeit aufbausche, daß ich von Gottes Wort niemals einen Eindruck zu bekommen vermag und
also niemals in die Lage komme, mich im Spiegel zu betrachten. Es hat den Anschein, als brächte all dieses For-
schen, Grübeln, Sinnen und Ergründen mich Gottes Wort
ganz nahe; wahr ist jedoch, daß ich so Gottes Wort auf die
listigste Weise möglichst weit von mir entferne, — unendlich
weiter als für den, der vor Gottes Wort so ängstlich und
bange wurde, daß er es so weit wie möglich von sich warf.

Jahraus, jahrein den lieben langen Tag ganz ruhig dasitzen
zu können und den Spiegel zu betrachten, — das steht von
dem völligen Verschließen der Augen vor dem Spiegel in
weit geringerem Abstand als die Forderung nach Selbst-
betrachtung des Menschen im Spiegel.

7

## Vom Beten

Beten ist etwas höchst Einfältiges. Man sollte glauben, es sei ebenso leicht wie das Zuknöpfen der Hose, und wenn nichts anderes im Wege liege, so könne man sofort auf das Weltgeschichtliche losgehen. Und doch, — wie schwer ist das Beten! In geistiger Hinsicht muß ich eine ganz deutliche Vorstellung von Gott, von mir selber und von meinem Verhältnis zu ihm besitzen; wissen muß ich auch von der Dialektik des Verhältnisses, welche die des Gebetes ist, damit ich nicht Gott mit etwas anderem verwechsle und dann also nicht zu Gott bete; auch darf ich mich selber nicht mit etwas anderem verwechseln, so daß ich überhaupt nicht bete. In der Haltung des Betenden muß ich gegenüber Gott den Unterschied und das Verhältnis wahren.

Siehe, vernünftige Eheleute geben zu, es bedürfe, um einander recht kennenzulernen, eines täglichen Zusammenlebens von Monaten und Jahren, und Gott ist doch noch viel schwerer zu erkennen; denn Gott ist nicht solch etwas Äußerliches wie die Frau, und sie kann ich fragen, ob sie nun mit mir auch zufrieden sei. Wenn mir in meinem Gottesverhältnis mein Tun als gut erscheint und ich nicht mit dem Mißtrauen der Unendlichkeit auf mich aufpasse, so hat es den Anschein, als sei auch Gott mit mir zufrieden; denn Gott ist kein Äußerliches, sondern die Unendlichkeit selber: er ist kein Äußerliches, das mich ausschimpft, wenn ich Unrecht tue, sondern er ist die Unendlichkeit selber, die keiner Scheltworte bedarf, aber deren Rache fürchterlich ist, — daß nämlich Gott für mich gar nicht da ist, obwohl ich bete.

Beten ist zugleich ein Handeln. Ach, Luther war doch ein in dieser Hinsicht erfahrener Mann, und er soll gesagt haben, in seinem ganzen Leben habe er kein einziges Mal so innerlich gebetet, daß ihn nicht der eine oder der andere Gedanke dabei gestört habe. So sollte man ja wiederum fast glauben,

Beten sei genauso schwierig wie die Darstellung Hamlets, wovon der größte Schauspieler gesagt hat, obwohl er auf das unausgesetzte Studium all seine Kraft und sein ganzes Leben angewandt habe, sei er nur ein einziges Mal nahe daran gewesen, ihn gut zu spielen. ...

Sollte Beten nicht auch fast ebenso wichtig und bedeutungsvoll sein?

## 8

## Der Mensch als Helfer Gottes?

Der Gedanke, dieses oder jenes zu tun, dieses oder jenes zu opfern, dieses oder jenes zu wagen, um Gottes Sache zu dienen, — dieser Gedanke hat mich nie bewegt; denn stets ist es mir in den Sinn gekommen, daß es doch ein Unfug ist, daß ein Allmächtiger, für den Millionen von Welten eine Null sind, eine Sache haben sollte, für die es von Wichtigkeit ist, daß Peter oder Paul dieses oder jenes täten.

Nein, — auf diese Weise kann ich es nicht. Aber besser geht es für mich, wenn ich mir Gott als einen Prüfer denke, der zu mir sagt: „Dies und das möchte ich von dir getan haben." Hiermit meine ich nicht, daß es müßige Künste werden sollten, — nein, es soll Nutzen stiften. Aber der Gedanke, Gott solle eine Sache in dem Sinne haben, daß der Mensch so ohne weiteres Mithelfer sei, — dieser Gedanke scheint mir doch eine einmal verzeihliche Kindlichkeit zu sein; aber nun ist es doch Kauderwelsch; denn es läuft doch darauf hinaus, daß Gott in diesem Sinne eine Sache haben solle, daß er Partei sei, — er, der doch alles ist!

Nein, nicht Gott hat eine Sache, sondern dies ist nur der Fall für jeden einzelnen Menschen. Gott sieht in unendlicher Erhabenheit selig zu und muß nun im Verhältnis zur unendlichen Totalität des Ganzen einen Menschen leiden lassen; doch umfaßt er ihn ebenso völlig in unendlicher Liebe und

erwartet gleichsam von einem Menschen, daß er dieses oder
jenes tut, daß er dieses oder jenes aushält, weil es in das
Ganze paßt. Aber Gott selber hat nie eine Sache. Höchstens
könnte das vergleichsweise gesagt werden, etwa im gleichen
Sinne, wie wenn der Ältere mit dem Kind spielt, um ihm
Freude zu machen. Aber Gott hat keine Sache in dem Sinne,
daß da etwas nicht ausgekämpft sei, wozu er sich verhält,
oder daß es zweifelhaft wäre, ob Gottes Sache siegen wird,
— er, der Allmächtige, der unendlich und ewig von Ewigkeit her und ohne Kampf gesiegt hat.

Es ist nicht zu leugnen, daß der Gedanke, Gott habe ganz
einfach eine Sache, und es sei für ihn von Wichtigkeit, daß
nun du oder ich für seine Sache kämpfen, — es ist, sage ich,
nicht zu leugnen, daß dieser Gedanke zu seiner Zeit viele
begeistert hat und es ihnen leicht gemacht hat, alles zu opfern. Aber das hilft nicht, — es ist trotzdem Einbildung und
würde ein fürchterlicher Dünkel sein, wenn die Menschen
damals eine so entwickelte Vorstellung von Gottes unendlicher Erhabenheit gehabt hätten, wie man sie jetzt haben
kann. Andererseits ist es gewiß, daß diese unendlich selige
Ruhe, in der wir uns Gott als unendlich erhaben über der
Welt thronend denken müssen, für uns Menschen mit Leichtigkeit intellektuell betäubend wirken kann, so daß wir
nicht Handelnde, sondern Betrachtende werden; aber das
hilft nicht, — wir müssen trotzdem wieder zum Handeln
hindurch, zu derselben unendlichen Begeisterung, die frühere
Zeiten in der falschen Vorstellung hatten, sie kämen Gott
fast zu Hilfe, wenn sie für seine Sache kämpften.

Hier ist wiederum eine Verdoppelung, die es so schwer
macht, hindurchzudringen, — eine Verdoppelung, die überall dort ist, wo die Begeisterung nach der anderen Seite oder
nach der falschen Vorstellung sein soll. Mit dem einen Auge
soll man gleichsam alle menschliche Anstrengung als die
größte Kindlichkeit, ja als das gleichgültigste Ding von der
Welt ansehen (denn er, der Allmächtige, hat Millionen Aus-
wege, und immer hat er unendlich gesiegt), und dann soll

man sich bis zum Äußersten anstrengen können wie nur
irgend einer, den in bitterstem Ernst der Gedanke begei-
sterte, an seiner Ausdauer und an seinem Wagen liege nicht
mehr und nicht weniger als die Entscheidung darüber, ob
Gott siegen oder unterliegen werde.

Ich könnte versucht sein, in gewissem Sinne zu sagen: Ihr
Glücklichen! Denn was sollte ein Mensch nicht aushalten
können, wenn er es sich fest in den Kopf gesetzt hat, daß
sein Streben so unendlich wichtig sei, daß es um Gott gehe.
Doch in einem anderen Sinne preise ich nicht sie, sondern
mich glücklich; denn was ist das doch ein großes Glück, daß
ich eine unendlich höhere Vorstellung besitze!

„Ihm kommt es zu, zu wachsen; ich dagegen muß abneh-
men." Diese Worte können auf das Verhältnis des Menschengeschlechts zu Gott angewandt werden. Mit jedem Fortschritt, den der Mensch macht, wird Gott unendlich erhabe-
ner, und dadurch wird der Mensch kleiner, selbst wenn es
durch einen Fortschritt geschähe.

Dann tritt die Gefahr auf, daß nämlich diese unendliche
Erhabenheit Gottes betäubend und lähmend wirkt, so daß
der Mensch Lust und Mut, Zuversicht und Freude am Wagen
und Leiden verliert, weil es nicht das mindeste dazu oder
davon tut.

Wie Gott uns Menschen so unendlich erhaben wurde, daß
keine Rede mehr davon sein kann, was in kindlicheren Zeiten unmittelbar geglaubt wurde, daß nämlich Gott eine Sache
habe, für die wir kämpfen, — so ist sogar das höchste Gut,
die ewige Seligkeit, für uns zu erhaben und für unser Streben
zu unvergleichbar geworden. Deswegen ist es nur „Gnade".
Es hat Zeiten gegeben, in denen der Mensch in kindlichem,
in bitterstem Ernst meinte, er könne die Forderung einlösen
und eine ewige Seligkeit erwerben. Und wirklich, — was
sollte ein Mensch nicht vermögen, wenn es erst fest in sein
Denken eingehen kann, daß es wirklich in seiner Macht steht,
eine ewige Seligkeit zu erwerben, und daß diese Aufgabe
seinen Kräften entspricht! Ich könnte versucht sein, zu sagen:

Ihr Glücklichen! Und dennoch, — welch ein Glück, wenn man von dem höchsten Gut eine unendlich erhabenere Vorstellung hat!

Nein, — mit keinem Streben kann man eine ewige Seligkeit erwerben. Darum ist es „Gnade". Hier tritt dann wieder die Gefahr in Erscheinung, daß eben dieser Umstand, daß es Gnade ist, betäubend, lähmend und einschläfernd wirkt, — weil das Streben doch vergeblich ist und weil es ja Gnade ist.

Wieder treffen wir hier auf die Verdoppelung: auf der einen Seite ist das angestrengteste menschliche Streben Torheit, verlorene Liebesmühe und eine lächerliche Gebärde, wenn es ein Versuch sein sollte, die Seligkeit zu verdienen, — und auf der anderen Seite sich dann doch anstrengen, dem einen zum Trotz, der in bitterstem Ernste meinte, mit seiner Anstrengung erwerbe er die Seligkeit! ...

9

## Das Ewige

Das Ewige ist nicht ein Etwas, wobei es gleichgültig ist, auf welche Weise man es bekommt; nein, — das Ewige ist eigentlich überhaupt nicht ein Etwas, sondern die Art und Weise, wie man es bekommt. Das Ewige erlangt man nur auf eine einzige Weise, und gerade darin ist das Ewige von allem anderen verschieden, daß es eben nur auf eine einzige Weise zu erwerben ist. Was nur auf eine einzige Weise zu bekommen ist, ist das Ewige, — nur auf eine einzige Weise, nur auf die beschwerliche Weise der Ewigkeit, die Christus mit den Worten angibt: „Der Weg ist schmal, und eng ist die Pforte, die zum Leben führt, und ihrer sind nur wenige, die sie finden."

## 10

### Lieber ehrliche Verneinung als Halbheit

Unzweifelhaft besser als die gleichgültige Beibehaltung des Christennamens und zugleich ein Zeichen von echtem Leben wäre es, wenn in unserer Zeit ein paar Menschen sich selber offen eingestehen wollten, daß es ihnen lieber wäre, das Christentum wäre überhaupt nicht in die Welt gekommen oder sie selber wären keine Christen geworden. Doch muß dieses Bekenntnis ohne Hohn, ohne Spott und ohne Zorn abgelegt werden. Wozu sollte das auch frommen? Vor etwas, was man nicht in sich selber hineinzuzwingen vermag, kann man recht gut Ehrfurcht haben. Christus selber sagt, er habe Gefallen an dem Jüngling gefunden, der sich gleichwohl nicht entschließen konnte, sein Hab und Gut den Armen zu geben. Ein Christ wurde der junge Mann nicht, und trotzdem fand Christus Gefallen an ihm. Also lieber Aufrichtigkeit als Halbheit!

Das Christentum ist nämlich eine herrliche Anschauung, in der man sterben kann; es ist der einzige wahre Trost, und der Augenblick des Todes ist die dem Christentum gemäßeste Lage. Vielleicht will deshalb selbst der Gleichgültige das Christentum nicht aufgeben. Vielmehr, so wie man in eine Sterbekasse einzahlt, um hernach die Unkosten bestreiten zu können, verwahrt man sich das Christentum bis zuletzt auf: Christ *ist* man, und trotzdem *wird* man es erst im Augenblick des Todes.

## 11

### Religiöse Bekümmernis des Menschen

Bei jedem tieferen Besinnen, das den Menschen über den Augenblick hinausführt und ihn nach dem Ewigen greifen läßt, vergewissert er sich, daß er ein wirkliches Verhältnis zu einer Welt hat, und dieses Verhältnis kann nicht ein bloßes Wissen von dieser Welt und auch kein Wissen von sich selber als eines Teiles dieser Welt sein; denn solch ein Wissen ist kein Verhältnis, weil er selber in diesem Wissen gleichgültig gegen diese Welt ist und diese Welt ihrerseits gleichgültig gegen sein Wissen von ihr ist. Erst wenn sich in seiner Seele die bekümmerte Frage erhebt, was die Welt für ihn und er für die Welt zu bedeuten hat und was in ihm das, wodurch er selber der Welt angehört, für ihn zu bedeuten und damit er für die Welt zu bedeuten hat, — erst dann kündigt sich der innere Mensch in solcher Bekümmernis an. Diese Bekümmernis wird nicht durch ein näheres oder umfassenderes Wissen gestillt, — nein, sie begehrt eine andere Art von Wissen, — ein Wissen, das in keinem Augenblick bloßes Wissen verbleibt, sondern sich im Augenblick des Besitzes in ein Tun verwandelt; denn sonst ist es kein Besitz. Diese Bekümmernis verlangt auch eine Erklärung, ein Zeugnis, aber von anderer Art. Könnte ein Mensch in seinem Wissen alles wissen und wüßte er jedoch von dem Verhältnis dieses Wissens zu ihm nichts, so würde er wohl in seinem Streben, sich um das Verhältnis seines Wissens zu dem Gegenstand zu vergewissern, ein Zeugnis verlangt haben, aber nicht würde er erfaßt haben, daß ihm ein ganz anderes Zeugnis vonnöten ist; so wäre also die Bekümmernis in seiner Seele noch nicht erwacht. Sobald sie erwacht, wird sich sein Wissen als trostlos erweisen, weil all das Wissen, in dem ein Mensch vor sich selber verschwindet, und ebenso jegliche Klärung, die durch solch ein Wissen ermöglicht wird, zweideutig ist: bald klärt sie dies, bald jenes, und sie kann das Entgegengesetzte bedeuten, ebenso wie jedes Zeugnis dieser Art, gerade wenn es Zeugnis ablegt, voll von Betrug und Rätseln ist und nur Angst erzeugt.

Wie könnte sich ein Mensch im Besitze dieses Wissens auch davon vergewissern, ob das Glück entweder eine Gnade Gottes ist, so daß er sich getraut, darüber Freude zu emp-

finden und sich ihm seelenruhig hinzugeben, oder ob das
Glück nicht etwa der Zorn des Himmels ist, der nur arglistig
den Abgrund des Verderbens vor ihm verdeckt, auf daß sein
Untergang desto schrecklicher werde? Wie sollte ein Mensch
mit diesem Wissen dessen gewiß werden, ob das Glück entweder die Strafe des Himmels ist und er sich von ihm zer-
schmettern läßt, oder ob es nicht etwa die Liebe Gottes ist,
der ihn in der Prüfung liebt, so daß er in der Not der Versuchung freudig und vertrauensvoll an die Liebe denken
darf? Wie sollte ein Mensch mit solchem Wissen zu der Erkenntnis gelangen, ob er in der Welt deswegen so hoch gestellt und mit so viel betraut wurde, weil Gott in ihm sein
auserwähltes Werkzeug liebte, oder ob es nicht etwa deswegen geschah, weil er sprichwörtliche Geltung bei den Menschen erringen und anderen Warnung und Schrecken sein
soll? Sein Wissen kann ihm nämlich wohl die Gewißheit
darüber geben, daß ihm alles glückt, daß sich ihm alles fügt,
daß alles nach seinem Willen geschieht und daß ihm alles
gegeben wird, worauf er zeigt; auch kann es ihm zeigen,
daß ihm alles mißglückt, daß ihn alles betrügt, daß jedes
angstvoll vorausgesehene Schrecknis im nächsten Augenblick
über ihn kommt; auch kann es ihm die Überzeugung vermitteln, daß er so hoch wie keiner betraut ist, — aber mehr
kann ihn dieses Wissen nicht lehren. Diese Klärung ist zweideutig, dieses Wissen ist trostlos.

In dieser Bekümmernis kündigt sich der innere Mensch an
und verlangt nach einer Klärung, nach einem Zeugnis, das
ihm die Bedeutung des Alls und seine eigene Bedeutung
klärt, indem es ihm das an Gott klarmacht, — an Gott, der
in seiner ewigen Weisheit alles zusammenhält und den
Menschen dadurch als Herrn der Schöpfung einsetzte, daß
er zu Gottes Diener wurde, und der sich ihm dadurch erklärte, daß er ihn zu seinem Mitarbeiter machte, und den
Menschen mit jeder ihm erteilten Erklärung in dem inneren
Menschen bestärkt. In dieser Bekümmernis macht sich der
innere Mensch bemerkbar; er ist nicht um die ganze Welt

bekümmert, sondern nur um Gott und sich selber sowie um
die Klärung, die ihm das Verhältnis verständlich macht, und
auch um das Zeugnis, das ihn in diesem Verhältnis bestärkt.
Diese Bekümmernis hört keinen Augenblick auf; denn was
er als Wissen findet, ist kein gleichgültiges Wissen. Meinte
nämlich ein Mensch, er könne diese Sache ein für allemal
abmachen und wäre dann fertig, so wäre der innere Mensch
in ihm nur totgeboren und würde wieder vergehen. Ist er
jedoch in Wahrheit bekümmert, so wird ihm durch Gott
alles zur Kräftigung im inneren Menschen dienen; denn Gott
ist treu und läßt es an Zeugnis nicht fehlen. Aber Gott ist
Geist und kann deswegen nur im Geist ein Zeugnis geben,
das heißt: im inneren Menschen. Jedes äußere Zeugnis von
Gott, wofern von einem solchen überhaupt die Rede sein
kann, vermag ebensogut ein Betrug zu sein.

## 12

## Vom Preis des Höchsten

Einem echt verliebten Mädchen kommt gewiß niemals der
Gedanke, es habe sein Glück zu teuer erkauft; eher meint
es, es habe sein Glück nicht teuer genug erkauft. Gleich wie
die Leidenschaft der Unendlichkeit selbst die Wahrheit war,
so gilt es auch vom Höchsten, daß der Preis der Kauf ist
und daß der niedrige Preis geradezu einen törichten Kauf
bedeutet; aber im Verhältnis zu Gott wird der höchste Preis
keine Verdienstlichkeit, weil der höchste Preis gerade darin
besteht, daß man alles tun will und daß man es trotzdem
tun will, obwohl man doch weiß, daß es alles nichts ist;
denn wenn es etwas ist, ist der Preis niedriger.

## 13

### Entweder — Oder

Entweder—Oder ist das Wort, vor dem die Flügeltüren aufspringen und sich die Ideale zeigen: — welch holdseliger Anblick! Entweder—Oder ist das Zeichen, das uns den Zugang zum Unbedingten erschließt: — Gott sei gelobt! Ja, Entweder—Oder ist der Schlüssel zum Himmel!

Was ist, was war und was bleibt dagegen das Unglück des Menschen? Dieses „bis zu einem gewissen Grade", das vom Satan, von der Erbärmlichkeit oder der feigen Klugheit stammt und — auf das Christentum angewandt — dieses zu einem Geschwätz verwandelt!

Nein —: entweder — oder!! Wie herzlich sich Schauspieler und Schauspielerin auf den Brettern auch umarmen und herzen mögen, so bleibt es doch nur ein theatralisches Einvernehmen, eine Theaterehe: — ebenso ist das „nur bis zu einem gewissen Grade" etwas Theatralisches gegenüber dem Unbedingten und greift nach der Einbildung. Nur Entweder—Oder ist die Umarmung, mit der du das Unbedingte umschließt.

## 14

### Von der religiösen Ahnung

Ahnung ist das Heimweh des irdischen Lebens nach dem Höheren, nach der Anschauung, wie sie der Mensch in seinem paradiesischen Leben gehabt haben mag.

15

## Mensch und Weltenlenkung

Wie die kunstverständige Köchin bei einer Speise, in der
schon allerhand Zutaten untereinander gemischt sind, sagt:
„Ein ganz klein wenig Zimt muß noch hinein" — wir anderen können vielleicht kaum schmecken, daß dieses kleine
bißchen Zimt hineinkam; aber sie weiß bestimmt, warum
und wie er in der ganzen Mischung schmeckt —, wie der
Künstler gegenüber dem Kolorit des Ganzen, das von vielen, vielen Farben gebildet ist, sagt: „Hier und da, an diesem kleinen Punkt hier muß noch ein klein wenig Rot angebracht werden" — wir anderen können vielleicht kaum
entdecken, daß das Rot da ist, — dermaßen hat es der
Künstler vertönt; aber er selber weiß ganz genau, warum
dieses Rot angebracht werden muß —: genau wie mit der
Köchin und dem Künstler ist es auch mit der Lenkung der
Welt.

O, die Lenkung der Welt ist ein ungeheuer großer Haus-
halt, ein herrliches Gemälde. Doch mit dem Meister — mit
Gott im Himmel — ist es genau wie mit der Köchin und
dem Künstler. Gott sagt: „Nun muß da noch ein ganz klein
wenig Zimt hinein, nun muß da noch ein kleines bißchen
Rot angebracht werden"... Warum, das begreifen wir nicht:
wir gewahren es kaum, — so sehr verschwindet dieses kleine
bißchen in dem Ganzen: aber Gott weiß, warum.

Ein klein wenig Zimt —! Damit ist gemeint: hier muß
ein Mensch geopfert werden, er gehört da hinein, damit das
übrige einen bestimmten Geschmack bekommt.

## 16

### Gottesverhältnis ohne Weltlichkeit

Wenn sich der einzelne Mensch zu Gott verhält, so muß er leicht erfassen, daß Gott absolut, ja grenzenlos absolut das Recht hat, alles von ihm zu fordern; aber anderseits ist auch das Gottesverhältnis absolut, ja grenzenlos absolut eine Tiefe der Seligkeit. Aber wenn dies der Fall ist, so ist eben dadurch die Rücksicht auf jeden anderen Menschen und der Vergleich mit ihm vergessen. Dies ist offensichtlich der Sinn der Parabel von den Arbeitern im Weinberg. Aber wenn dies die Meinung ist, so ist es auch unreligiös, sich mit anderen zu vergleichen. Wenn so einer sagen will: „Ich halte alles Böse und all eure Verfolgungen froh aus Liebe zu Gott aus" und dann hinzusetzt: „Aber ihr meine Verfolger werdet dafür im Jenseits zu leiden haben", so ist dieser letzte Teil der Rede Weltlichkeit. Das Verhältnis zu Gott ist offenbar ein solch großes Gut, ein so ungeheures Gewicht von Seligkeit, daß meine Seligkeit, wenn ich es rein erfasse, im absolutesten Sinne absolut ist, und sie wird dagegen geringer durch den weltlichen Vergleich, daß meine Feinde ausgeschlossen bleiben sollen.

## 17

### Gott ist Subjekt

Gerade weil Gott für den Menschen nicht Objekt sein kann, da Gott das Subjekt ist, — gerade deswegen erweist sich auch das Umgekehrte unbedingt: leugnet einer nämlich Gott, so tut er Gott keinen Schaden an, sondern macht sich selber zunichte, und spottet einer über Gott, so verspottet er sich selber.

Je reiner ein Mensch ist, desto näher kommt er auch im

Verhältnis zu anderen Menschen dem, daß er ihnen nicht Objekt sein kann. Doch bleibt hier natürlich immer ein unendlicher qualitativer Unterschied.

### 18

### Von der Gleichzeitigkeit mit Christus

Zwischen Gott und Mensch liegt ein klaffender Unterschied, und deswegen zeigte es sich in der Lage der Gleichzeitigkeit, daß das Christwerden — das heißt: zu einer Gleichheit mit Gott umgebildet werden — menschlich gesprochen, eine noch größere Qual, ein noch größeres Elend und einen noch heftigeren Schmerz darstellt als die größten menschlichen Schmerzen, — ja sogar in den Augen der Mitwelt ein Verbrechen. So wird es immer der Fall sein, wenn das Christwerden zu der Bedeutung gelangt: mit Christus gleichzeitig werden. Kommt das Christwerden nicht zu dieser Bedeutung, so ist all das Geschwätz vom Christwerden Tand, Einbildung, Eitelkeit, Gotteslästerung und Sünde gegen das zweite Gebot und auch Sünde wider den Heiligen Geist.

Im Verhältnis zu dem Unbedingten gibt es nur eine einzige Zeit: die Gegenwart. Wer mit dem Unbedingten nicht gleichzeitig ist, für den ist es gar nicht da. Weil nun Christus das Unbedingte ist, sieht man leicht ein, daß es im Verhältnis zu ihm nur eine einzige Lage gibt, — die Gleichzeitigkeit. Die 300, die 700, die 1500, die 1700 und die 1800 Jahre sind etwas, was weder davon noch dazu tut: sie verändern ihn nicht, machen es vielmehr offenbar, wer er war; denn wer er war, ist nur für den Glauben offenbar.

Christus ist — um es ganz ernsthaft zu sagen — kein Komödiant, auch keine bloß geschichtliche Person, da er als das Paradox eine höchst ungeschichtliche Person ist. Aber gerade dies ist der Unterschied zwischen Poesie und Wirklichkeit: die Gleichzeitigkeit. Allerdings besteht der Unter-

schied zwischen Poesie und Geschichte darin, daß die Geschichte das *wirklich* Geschehene darstellt, während die
Dichtung das Mögliche, das Gedachte, das Erdichtete ist.
Das, was als Vergangenheit wirklich geschehen ist, ist doch
nur in gewissem Sinne das Wirkliche, nämlich im Gegensatz
zum Erdichteten. Was fehlt, ist jene Bestimmung, die der
Wahrheit, der Innerlichkeit und der Religiosität eigen ist,
— das *für dich*. Das Vergangene ist nicht Wirklichkeit „für
mich"; nur das Gleichzeitige ist Wirklichkeit für mich. Das,
womit du gleichzeitig lebst, ist Wirklichkeit für dich. So
kann jeder Mensch nur mit der Zeit, in der er lebt, gleichzeitig werden, — und auch mit dem Einen —: mit Christi
Leben auf Erden; denn Christi Leben auf Erden, die heilige
Geschichte, steht allein für sich und außerhalb der Geschichte.

Von der Geschichte kannst du wie vom Vergangenen
hören und lesen, und wenn es dir behagt, kannst du hierbei
nach dem Ausgang urteilen. Aber Christi Leben auf Erden
ist nichts Vergangenes, es wartete damals vor 1800 Jahren
nicht auf den Beistand des Ausfalls und wartet auch heute
nicht darauf. Ein geschichtliches Christentum ist Kauderwelsch und unchristliche Geisteswirrnis; denn was von wahren Christen in jedem Menschenalter gleichzeitig mit Christus
ist, hat mit den Christen der vorhergehenden Generation
nichts zu schaffen, sondern nur und ganz mit dem gleich-
zeitigen Christus. Sein Leben auf Erden folgt dem Menschengeschlecht und folgt als ewige Geschichte jedem einzelnen
Menschenalter, sein Leben auf Erden hat die ewige Gleichzeitigkeit.

19

## Gott als Vater der Menschen

Im Grunde denken wir alle uns Gott zu milde, wie einen
alten Mann, mit dem man durch Plaudern in gutes Einver-

nehmen kommt. Fürwahr, — komm weiter heraus, da wo
die Seligkeit allerdings unendlich größer ist, — wo jedoch
auch die Strenge eine andere ist.

Denke dir einen jener allmächtigen Herrscher des Ostens,
und siehe dir an, wie sich ihm einer seiner Diener, der vor-
nehmste, naht: welch ein Ausdruck von Unterwürfigkeit!
Und doch ist das nur ein Bild. ... Aber wie gesagt, — weiter draußen, wenn man dann mit Schrecken, vielleicht sogar
erst hinterher meint, man habe sich seine Ungnade zuge-
zogen (ach, selbst wenn es vielleicht nur das Mißverständnis
der Angst ist, so daß man gerade nicht fehlgegriffen hat), —
dann ist es einem, als wolle Gott 70 000 Jahre lang nicht
mehr auf einen sehen. 70 000 Jahre! O, für ihn sind es nur
sieben Tage; aber der arme, unselige Mensch verschmachtet
in Furcht und Zittern!

Und dennoch und trotzdem, — dieser fürchterliche Herrscher ist mein Vater, — wirklich, mein Vater! ... Und wenn
ich staunend durch die helle Nacht wandere und die Sterne
betrachte, dann darf ich sagen: dies alles gehört meinem
Vater! ...

20

### Ruhe erst in Gott

So wie sich, von der Sehne des Bogens losgeschnellt, der Pfeil
des geübten Schützen keine Ruhe gönnt, bevor er am Ziele
ist, so ist auch der Mensch von Gott mit der Sicht auf Gott
erschaffen, und erst in Gott kann er Ruhe finden.

### 21

### Ewigkeit und Jugendlichkeit

Ist das Ewige auch keineswegs Jugendlichkeit, so hat es mit der Jugendlichkeit doch weit mehr gemeinsam als mit der Querköpfigkeit, die oft genug mit dem Namen „Ernst" beehrt wird, oder mit der Stumpfheit des Alters, die in einigermaßen glücklichen Umständen einigermaßen zufrieden und beruhigt ist, aber vor allem mit der Hoffnung nichts zu schaffen hat und in unglücklichen Verhältnissen lieber beleidigt murrt als Hoffnung hegt. In der Jugend hat der Mensch Erwartungen und Möglichkeiten genug, das entwickelt sich in dem Jüngling von selber wie die köstliche Myrrhe, die von den Bäumen Arabiens herniedertropft. Aber wenn ein Mensch älter geworden ist, bleibt sein Leben sehr oft das, was es nun einmal geworden ist, — eine schläfrige Wiederholung und Umschreibung des immer gleichen; keine Möglichkeit schreckt und weckt mehr auf, keine Möglichkeit lebt auf und verjüngt, die Hoffnung wird zu einem Etwas, was nirgendwo eine Heimstätte hat, und aus der Möglichkeit wird etwas so Seltenes wie das Grün im Winter. Ohne das Ewige lebt man mit Hilfe von Gewohnheit, Klugheit, Nachäffung, Erfahrung, Sitte und Brauch.

Und fürwahr, — nimm das alles zusammen und bereite es mit dem Feuer der erloschenen oder nur irdisch flammenden Leidenschaften zu, und dann wirst du sehen, daß du allerhand erzielst: einen auf verschiedene Weise zubereiteten, zähen Teig, den man Lebensklugheit nennt. Aber noch nie bekam einer daraus die Möglichkeit zustande, — die Möglichkeit, dieses Wunder, das so unendlich spröde ist, weit spröder als der feinste Stengel des Frühlings, — dieses Wunder, das so unendlich zart ist, weit zarter als das feinst verarbeitete Leinen, und doch, — es ist mit Hilfe des Ewigen zuwege gebracht und gebildet und ist stärker als alles, wenn es wirklich die Möglichkeit des Guten ist! . . .

## 22

### Von der Notwendigkeit des Mittlers

Einen Mittler brauche ich unter anderem auch gerade deswegen, um darauf aufmerksam zu werden, daß es Gott ist, mit dem ich gewissermaßen die Ehre habe zu sprechen; sonst kann ein Mensch leicht in der trägen Einbildung dahinleben, er rede mit Gott, während er doch in Wirklichkeit mit sich selber redet.

Von dieser Seite her gesehen, bedeutet der Mittler in gewissem Sinne das Entfernende: er ist gleichsam der Hofmann, der uns darüber belehrt, daß wir nicht unmittelbar mit der Majestät in ein Gespräch kommen können und daß wir nicht aus Dummheit und in Gedankenlosigkeit hingehen und mit der Majestät reden, als wären wir einander ebenbürtig.

Welche Folgerichtigkeit liegt doch immer im Göttlichen! Immer gewahrt man Verdoppelung; während er abschlägt, legt er gleichzeitig zu. Er schlägt ab, läßt sich dann wieder mit uns Menschen ein und schickt uns einen Mittler, — ja, aber in einem anderen Sinne drückt der Mittler die Ferne aus, daß es nicht mehr so naiv ist wie zu der Zeit, da sich Gott mit uns Menschen einließ wie ein Freund mit dem Freunde, — nein, jetzt ist ein Mittler da.

Gleichwohl sind wir Gott nähergekommen. Aber wie im Verhältnis zum Ideal jeder Fortschritt ein Rückschritt ist, so ist es auch im Verhältnis zu Gott: Annäherung ist Fernrücken und ist doch wieder *wirkliche* Annäherung.

## 23

### Vom Preis des Glaubens

Gott will, daß ihm unbedingt geglaubt wird; aber er, der Unendliche, kann nicht anders, als den Preis des Glaubens unendlich hochschrauben. Ach, aber selig ist es, zu glauben; und immer seliger ist es, je höher der Preis wird. Glaube nicht, der Glaube verliere, wenn du ihn teuer kaufen mußt: je teurer du ihn kaufst, desto seliger bist du. Wehmütig und beschämend ist es, das Höchste, wofern das überhaupt möglich ist, zu einem niedrigen Preise, zu einem Spottpreise zu kaufen; aber es ist selig, es zum höchsten Preise gekauft zu haben. Selbst ein Liebender spricht ja so: ihm macht es keine Freude, die Geliebte zu billigem Preise erworben zu haben, — nein, je teurer er gekauft hat, desto froher ist er: der Preis ist die Freude. Doch ist gegenüber der Liebe die Mißlichkeit möglich, daß ihn zuletzt der Preis mehr interessieren kann als die Geliebte; aber im Glaubensverhältnis ist gerade das unmöglich.

## 24

### Gott und die Welt

Daß die Welt ohne Gott bestehen könnte, ist so unmöglich, daß sie augenblicklich untergehen würde, wenn Gott sie vergessen könnte.

## 25

### Gottes zunehmende Unendlichkeit

Mit dem Verhältnis zu Gott ist es nicht wie mit dem Verhältnis zu einem Menschen, daß sie nämlich einander desto näherkommen, je länger sie zusammenleben und je näher sie einander kennenlernen. Gegenüber Gott ist das Umgekehrte der Fall: je länger man mit ihm zusammenlebt, desto unendlicher wird er, und desto weniger wird man selber. Ach, als *Kind* schien es einem doch, als könnten Gott und

Mensch gut miteinander spielen. Ach, und als *Jüngling*
träumte man davon, daß sich das Verhältnis doch noch bewerkstelligen ließe, wenn man sich recht unbedingt und
rasend anstrengen wollte wie ein Verliebter, wenn auch anbetend. Ach, und als *Mann* entdeckt man, wie unendlich
Gott ist, und man wird sich des unendlichen Abstands bewußt.

26

Vom reinen Drängen zu Gott

Wenn alles um dich lächelt und du vor Freude überströmst
oder dich doch recht froh im Dasein fühlst und wenn du
dann an Gott denkst, so blüht vielleicht dein Ausdruck stärker und reicher.

Bist du verzagt und niedergeschlagen, so ist dein Ausdruck
vielleicht ärmer, — aber im letzteren Falle ist es ohne Zweifel klarer, daß du es bist, der nach Gott drängt, und gerade
dies ist Gott das einzig Wohlgefällige, daß du nämlich recht
in Wahrheit nach ihm drängst. Wenn du jubelst, so kann
deine Dankbarkeit gegenüber Gott in dir Wahrheit sein;
aber gleichwohl ist es möglich, daß dies, was sich in dir regt,
nicht das reine Drängen zu Gott ist, — mag deine Dankbarkeit auch noch so schön und noch so gutgemeint sein.

Das letztere also ist Gott das Wohlgefälligste. Gott ist
nämlich Geist, und in den Hymnen eines Menschen findet er
nicht mehr Wohlgefallen als im Opferrauch; aber wirkliches
Wohlgefallen findet er nur darin, daß ein Mensch recht zu
ihm drängt, — daß er recht fühlt, daß der Mensch zu ihm
drängt.

Wenn du Gott geradezu reiche Gaben zu bringen hast, —
den glücklichen Reichtum von Lobgesängen, die Fülle von
Beredsamkeit und all das Dichterische, und das alles in
Aufrichtigkeit (denn sonst ist das Ganze ja gehaltlos) —:
wenn du also über all das verfügst, so ist es *für dich* viel-

leicht angenehmer, Gott zu nahen. Aber wenn du arm und
kleinlaut bist, dann ist es *Gott* wohlgefälliger, wenn du dich
ihm nahst und an ihn denkst; denn er kennt nur eine Freude:
mitzuteilen, und daher ist ihm derjenige am willkommen-
sten, der am meisten nach ihm drängt.

## 27

### Vom Glauben und von den Werken

Es gab eine Zeit, da das Evangelium, „die Gnade" zu einem neuen Gesetz verwandelt wurde, das strenger als das alte über den Menschen herrschte. Alles war ein peinliches, knechtisches und unlustiges Etwas geworden, fast als gäbe es — trotz dem Gesang der Engel bei der Ankunft des Christentums — keine Freude mehr, weder im Himmel noch auf Erden. In kleinlicher Selbstquälerei hatte man — so rächt sich das! — Gott ebenso kleinlich gemacht. Man ging ins Kloster und blieb dort; gewiß, es geschah freiwillig, und dennoch geschah es aus Knechtschaft; denn in Wahrheit war es nicht freiwillig, man war mit sich selber nicht ganz einig, man war nicht mit Freuden dabei, man war nicht frei, und trotzdem hatte man nicht genug Freimütigkeit, um es zu lassen oder wieder aus dem Kloster auszutreten und frei zu werden. Aus allem war ein Werk geworden. Gleich Bäumen mit ungesunden Auswüchsen waren auch diese Werke von ungesunden Auswüchsen halb verdorben, — oft waren es nur Heuchelei, Dünkelhaftigkeit der Verdienstlichkeit und Müßiggang. Gerade hierin steckte der Fehler, nicht so sehr in den Werken; denn wir wollen nicht übertreiben und nicht die Irrtümer einer vergangenen Zeit zu neuen Irrtümern benutzen. Nein, — nehmen wir von diesen Werken das Ungesunde und Unwahre fort und behalten wir nur die Werke in Aufrichtigkeit, in Demut und gewinnbringender Tätigkeit.

Mit diesen Werken sollte es nämlich so sein, wie wenn beispielsweise ein kriegerischer Jüngling angesichts eines ge-

fahrvollen Unternehmens freiwillig zum Oberst kommt und
ihn bittet: „O, darf ich nicht mitmachen?" Wollte so ein
Mensch zu Gott sagen: „O, darf ich nicht meine ganze Habe
den Armen geben? Es soll mir nicht zu etwas Verdienstlichem
werden, — nein, nein; in tiefer Demut bekenne ich, daß,
wenn ich einmal selig werden sollte, ich dies nur aus Gnade
werde, so wie der Räuber am Kreuz. Aber darf ich das nicht
tun, um für die Ausbreitung des Reiches Gottes unter den
Menschen wirken zu können?", — wer so zu Gott spräche,
das ist dann — wenn ich es lutherisch sagen soll — Gott
wohlgefällig trotz dem Satan, trotz den Zeitungen, trotz
dem hochgeehrten Publikum (denn die Zeit des Papstes ist
jetzt vorbei) und trotz den vernünftigen, geistlichen oder
weltlichen Einwendungen aller klugen Männer und Frauen.
Aber so war es nicht zu der Zeit, von der wir sprechen.

Da trat ein Mann auf, Martin Luther, er kam von Gott
und besaß den Glauben; aber den Glauben setzte er in seine
Rechte ein (denn hierzu brauchte er wahrhaftig Glauben)
oder durch Glauben setzte er den Glauben in seine Rechte
ein. Sein Leben drückte seine Werke aus, — das wollen wir
nie vergessen —, aber er sagte: „Ein Mensch wird allein
durch den Glauben selig." Die Gefahr war groß. Wie groß
sie in Luthers Augen war, dafür weiß ich keinen stärkeren
Ausdruck, als daß er beschloß: um Ordnung in die Sache
zu bringen, muß der Apostel Jakobus beiseite geschoben
werden. Man bedenke, welche Ehrfurcht Luther vor einem
Apostel besaß, und was es also heißen will, so etwas zu
wagen, um den Glauben in sein Recht einzusetzen!

Doch was geschah? Stets gibt es eine Weltlichkeit, die den
Christennamen zwar haben, aber zu möglichst niedrigem
Preise bekommen möchte. Diese Weltlichkeit wurde auf
Luther aufmerksam. Sie hörte hin, sie hörte vorsichtshalber
noch mal hin, ob sie sich auch nicht verhört hatte, und dann
sagte sie: „Vortrefflich! Das ist etwas für uns. Luther sagt:
nur auf den Glauben kommt es an; daß sein Leben die
Werke ausdrückt, sagt er selber nicht, und da er nun tot ist,

ist es keine Wirklichkeit mehr. Also nehmen wir seine Worte und Lehre an und sind frei von allen Werken. Es lebe Luther! Wer nicht liebt Wein, Weib, Gesang, der bleibt ein Narr sein Leben lang. Das ist die Bedeutung von Luthers Leben, dieses Gottesmannes, der das Christentum zeitentsprechend reformierte."

Mögen auch nicht alle Menschen Luther in so weltlicher Weise eitel genommen haben, so gibt es doch in jedem Menschen eine Neigung, *entweder* ein Verdienst haben zu wollen, wenn die Werke zur Geltung kommen sollen, *oder*, wenn der Glaube und die Gnade zur Geltung kommen sollen, dann auch so weit wie möglich von den Werken frei zu sein. Der Mensch, diese vernunftbegabte Schöpfung Gottes, läßt sich wahrhaftig nicht narren; er ist kein Bauer, der zum Markte kommt. Nein, — der Mensch sieht sich vor. „Eines von beiden", sagt der Mensch; „sollen es *Werke* sein, nun gut; aber dann möchte ich auch um den mir gesetzlich zustehenden Gewinn aus meinen Werken bitten, daß sie nämlich mein Verdienst sind. Soll es *Gnade* sein, nun gut; aber dann muß ich auch bitten, daß ich frei von Werken bleibe, sonst ist es ja keine Gnade. Sollen es Werke und Gnade gleichzeitig sein, so ist es Verrücktheit."

Ja, gewiß, — das ist Verrücktheit, das war ja auch das wahre Luthertum, das war ja auch das Christentum. Die Forderung des Christentums lautet: dein Leben soll in möglichst großer Anstrengung deine Werke ausdrücken; ferner wird noch gefordert, daß du dich demütigst und bekennst, es sei trotzdem Gnade, daß du selig wirst. Den Irrtum des Mittelalters verabscheute man, nämlich das Verdienstliche. Wenn man tiefer zusieht, wird man leicht erkennen, daß man im Vergleich mit dem Mittelalter eine vielleicht noch größere Vorstellung davon hatte, daß die Werke verdienstlich sind; aber man brachte die „Gnade" so an, daß man sich von den Werken frei machte. Wenn man auf diese Weise die Werke abgeschafft hatte, konnte man sich doch nicht recht versucht fühlen, die Werke, die man nicht tat, für etwas

Verdienstliches anzusehen. Luther wollte die „Verdienstlichkeit" von den Werken nehmen und sie anders anbringen,
nämlich in Richtung auf ein Zeugen für die Wahrheit; aber
die Weltlichkeit, die Luther von Grund auf verstand, nahm
die Verdienstlichkeit ganz fort, — mitsamt den Werken.

Und wo stehen wir jetzt? Ich bin ohne Autorität und weit
davon entfernt, jemand zu richten. Aber da ich diese Sache
doch aufklären will, so will ich mich selber einmal vornehmen und mein Leben an bloß einer einzigen lutherischen
Glaubensbestimmung prüfen: „Der Glaube ist ein unruhiges
Ding."

Ich nehme also an, Luther sei von den Toten auferstan-
den; zunächst habe er mehrere Jahre lang unerkannt unter
uns gelebt, habe auf das Leben, das wir führen, geachtet und
sei auf alle anderen und also auch auf mich aufmerksam
gewesen. Nun nehme ich an, eines Tages spräche er folgendermaßen zu mir: „Bist du ein Glaubender? Hast du den
Glauben?" Ich antworte Luther: „Jawohl, ich bin ein Glaubender."

Darauf erwidert Luther: „Wieso das denn? Davon habe
ich dir nichts angemerkt, und ich habe doch mein Augenmerk
auf dein Leben gerichtet?! Du weißt ja, der Glaube ist ein
unruhiges Ding! Wozu hat dich denn der Glaube, den du
angeblich besitzest, aufgeregt? Wo bist du als Zeuge für die
Wahrheit aufgetreten? Und wo hast du gegen die Unwahrheit gezeugt? Welche Opfer hast du gebracht? Welche Verfolgung hast du um deines Christentums willen erlitten?
Und daheim in deinem häuslichen Leben, woran war da
deine Selbstverleugnung und deine Entsagung zu merken?"

„Ja, aber . . ., lieber Luther, ich kann dir versichern, daß
ich den Glauben habe!"

„Versichern? Versichern? Was ist das für eine Rede!? Zum
Besitz des Glaubens bedarf es keiner Versicherung, wenn
man ihn wirklich hat (denn der Glaube ist ein unruhiges
Ding, das man sofort merkt), und wenn man ihn nicht besitzt, so kann keine Versicherung helfen!"

„Ja, aber . . . so glaube mir doch, ich kann es dir so feierlich wie möglich versichern, daß . . ."

„Ach, so hör doch mit dem Geschwätz auf! Was kann
das helfen mit deiner Versicherung!"

„Ja, aber wenn du bloß eine meiner Schriften lesen woll-
test, so würdest du sehen, wie ich den Glauben darstellen
kann, und deswegen weiß ich ja auch, daß ich ihn haben
muß."

„Ich glaube, der Mensch ist toll! Wenn du den Glauben
*darstellen* kannst, so beweist das bloß, daß du ein Dichter
bist, und wenn du es gut machst, bist du ein guter Dichter;
aber damit beweist du keineswegs, daß du ein gläubiger
Mensch bist. Vielleicht kannst du auch weinen, wenn du den
Glauben darstellst, das würde dann beweisen, daß du ein
guter Schauspieler bist. Erinnerst du dich noch an die Geschichte von dem Schauspieler im Altertum, der sich in das
Rührende derartig hineinversetzen konnte, daß er noch
weinte, wenn er vom Theater heimkam, und noch viele
Tage danach weinte er; das bewies nur, daß er ein guter
Schauspieler war. Nein, mein Freund, — der Glaube ist
ein unruhiges Ding. Er ist ein Gesundsein, aber stärker und
heftiger als das hitzigste Fieber. Nicht hilft es, daß ein
Kranker sagt, er habe kein Fieber, wenn der Arzt ihm den
Puls fühlt, — ebensowenig wie wenn ein Gesunder sagt, er
habe kein Fieber, und der Arzt beim Pulsfühlen merkt, daß
es nicht wahr ist, —: genauso geht es mit dem Glauben.
Wenn man in deinem Leben nicht den Pulsschlag des Glaubens spürt, so besitzest du auch nicht den Glauben. Wenn
man dagegen die Unruhe des Glaubens als Puls in deinem
Leben fühlt, so kann man von dir sagen, du besäßest den
Glauben. Das heißt dann eigentlich: predigen; denn predigen heißt weder, den Glauben in Büchern darstellen, noch
auch ihn in ,stillen Stunden' als Redner vortragen; es sollte
ja, wie ich in einer meiner Predigten gesagt habe, eigentlich
,nicht in der Kirche, sondern auf der Straße gepredigt
werden', und nicht ein Redner, sondern ein Zeuge soll es

sein, — das heißt: der Glaube, dieses unruhige Ding, soll
in seinem Leben kenntlich sein."

## 28

### Wieder Kind werden

Jeder Mensch besitzt in höherem oder geringerem Grade
eine Fähigkeit, die man Einbildungskraft nennt, — jene
Kraft, die die erste Bedingung dafür ist, was aus einem
Menschen wird; denn die zweite und letztlich entscheidende
Kraft ist der Wille. Das Gedächtnis ist am stärksten in der
Kindheit und nimmt mit den Jahren ab; aber die Einbil-
dungskraft ist am stärksten im Jünglingsalter und nimmt
dann mit den Jahren ab.

Wir wollen uns nun einen Jüngling denken. Mit seiner
Einbildungskraft erfaßt er das eine oder das andere Vollkommenheitsbild (Ideal), — mag es als ein geschichtlich
überliefertes aus einer vergangenen Zeit stammen, so daß es
also wirklich existiert hat und die *Seins*wirklichkeit gehabt
hat, oder mag es von der Einbildungskraft selber geformt
sein, so daß es also keine Beziehung zu Zeit und Raum hat
und von beiden nicht bestimmt ist, vielmehr nur *Gedanken*-
wirklichkeit besitzt. Zu diesem Bilde, das für den Jüngling
nur im Bereich der Einbildung lebt — also in dem unendlichen Entferntsein der Phantasie von der Wirklichkeit —
und das Bild der vollendeten, nicht der streitenden und
leidenden Vollkommenheit ist, — zu diesem Bilde also
wird der Jüngling kraft seiner Einbildungskraft hingezogen, oder seine Einbildungskraft zieht dieses Bild an sich;
er verliebt sich in dieses Bild, oder dieses Bild wird seine
Liebe, seine Begeisterung, sein vollkommeneres, idealeres
Selbst; er läßt es nicht mehr los, selbst nicht im Schlaf, —
dieses Bild, das ihm den Schlaf raubt wie jenem Jüngling,
der schlaflos wurde, bis er selber ein ebenso großer Sieger

wurde wie der, dessen berühmtes und bewundertes Bild ihm
schlaflose Nächte machte. Zu diesem Vollkommenheitsbilde
setzt sich also die Einbildungskraft in Beziehung. Selbst
wenn es das Bild *des* Vollkommenen wäre, dessen Vollkommenheit gerade darin bestand, daß er nicht nur entsetzliche Leiden, sondern auch — was den größten Gegensatz zur Vollkommenheit (Idealität) bildet — tägliche
Kränkungen, Mißhandlungen und Verdrießlichkeiten durch
ein langes Leben hindurch aushielt —: wie die Einbildungskraft dieses Bild wiedergibt, sieht es so leicht aus; man
sieht nur die Vollkommenheit, und selbst die streitende
Vollkommenheit sieht man nur vollendet. Die Einbildungskraft ist nämlich in sich selber vollkommner als das Leiden der Wirklichkeit, sie geht — zeitlos bestimmt — über
das Leiden der Wirklichkeit hinaus, sie kann die Vollkommenheit vortrefflich wiedergeben, sie besitzt alle prächtigen
Farben zu ihrer Schilderung —: aber dagegen kann das
Leiden die Einbildungskraft nur in einer vervollkommne-
ten (idealisierten), also mildern, sich abhebenden und ver-
kürzten Wiedergabe wiedergeben; denn das Phantasiebild
oder jenes Bild, das die Einbildungskraft wiedergibt oder
festhält, ist doch in einem Sinne Unwirklichkeit: im Hinblick auf Mühsal und Leiden fehlt ihm die Wirklichkeit
der Zeit, der Zeitlichkeit und des Erdenlebens. Die wahre
Vollkommenheit besteht nämlich darin, daß diese Vollkommenheit in dem wirklichen Leiden dieser Wirklichkeit nicht
erfahren wurde (denn das geht den Vollendeten, nicht mich
an), sondern Tag für Tag erfahren wird. Aber dieses letztere kann die Einbildungskraft nicht wiedergeben, — es
kann ja überhaupt nicht wiedergegeben werden, sondern
nur sein, — und deswegen sieht das Bild der Vollkommenheit, wie es die Phantasie darstellt, immer so leicht und so
überredend aus.

Gewöhnlich hat ja ein Jüngling nur eine geringe Vorstellung von der Wirklichkeit, von ihren Leiden und von
dem, was es heißen will, wenn sie wirklich werden; aber

selbst wenn ihm ein Älterer mit seiner Erfahrung zu Hilfe
käme und selbst wenn Anstrengungen gemacht würden wie
nie bisher von irgendeinem Dichter, und selbst wenn es
glückte, wie es bisher noch keinem geglückt ist, bei der
Wiedergabe des Vollkommenheitsbildes auch die Leiden
darzustellen —: wesentlich läßt sich dies doch nicht tun,
weil sie — wie gesagt — die Einbildungskraft auf die
Wiedergabe der Vollkommenheit bezieht. Doch wie genau
das Leiden auch angegeben wird, so ist bloß dadurch, daß
es innerhalb der Phantasie geschieht, das Leiden schon
leicht gemacht. Ein in Lumpen gekleideter Schauspieler —
und bestünde seine Tracht, den gewöhnlichen Anforderun-
gen des Schauplatzes zum Trotz, auch wirklich aus Lumpen
—: dieser Betrug einer einzigen Stunde ist doch etwas ganz
anderes, als im täglichen Leben der Wirklichkeit der in
Lumpen gehüllte Mensch zu sein. Nein, — wie große Anstrengungen die Einbildungskraft auch macht, um dieses
Phantasiebild zur Wirklichkeit zu machen, — sie ist dazu
nicht imstande. Könnte sie es, — könnte also ein Mensch
mit Hilfe seiner Einbildungskraft ganz dasselbe wie in der
Wirklichkeit erleben, es ganz genau so durchleben, wie
wenn er es in Wirklichkeit durchlebte, und könnte er sich
ebenso genau und gründlich kennenlernen wie in der Erfahrung der Wirklichkeit, so wäre ja im Leben kein Sinn,
so hätte ja die Vorsehung dieses Leben verkehrt angelegt;
denn wozu dann die Wirklichkeit, wenn man sie mit Hilfe
der Einbildungskraft als ganz wirklich vorwegnehmen
könnte? Wozu dann die siebzig Jahre, wenn man mit 22
Jahren alles erlebt haben könnte?

Doch so ist es ja auch nicht, und deshalb ist das Bild, wie
es die Einbildungskraft hervorruft, wiederum nicht das Bild
der wahren Vollkommenheit: ihm fehlt etwas, nämlich das Leiden der Wirklichkeit oder die Wirklichkeit des Leidens. Die
wahre Vollkommenheit besteht darin, daß es diese Vollkommenheit ist, aber das Leiden ist wirklich, — daß es also diese
Vollkommenheit ist, die Tag für Tag, Jahr für Jahr im

Leiden der Wirklichkeit da ist und daß die Vollkommenheit nicht in dem Vollkommeneren ist, sondern — welch schrecklicher Widerspruch! — in dem unendlich Unvollkommeneren. Und gerade das ist die Unvollkommenheit in dem Phantasiebilde, daß das Unvollkommene nicht wiedergegeben wird; ach, und das ist das Traurige dabei, daß die wahre Vollkommenheit in der Wirklichkeit, dem einzigen Ort, wo sie in Wahrheit sein kann, so selten ist, weil es da so schwer und so anstrengend ist, vollkommen zu sein, — ja, so schwer, daß die wahre Vollkommenheit gerade darin besteht, hier vollkommen zu sein.

Doch nun zurück zu dem Jüngling. Das Bild der Vollkommenheit ist also seine Liebe; man sieht es ihm an, seine Augen sehen nichts von dem, was am nächsten um ihn liegt, — sie suchen nur dieses Bild; wie ein Träumer geht er umher, und dennoch ist er hellwach, das sieht man an dem Feuer und an dem Flammen in seinem Auge. Wie ein Fremder geht er umher, und dennoch ist er wie zu Hause; denn durch die Einbildungskraft ist er beständig bei dem Bilde zu Hause, dem er zu gleichen wünscht. Und wie es so schön bei Liebenden vorkommt, daß sie einander gleich werden, so verwandelt sich der Jüngling auch in Gleichheit mit diesem Bilde, das sich in all seinem Denken und in jeglicher seiner Äußerungen abprägt oder ausprägt, während er — wie gesagt — das Auge auf das Bild gerichtet und nicht auf seinen Fuß geachtet und sich nicht vergewissert hat, wo er ist. Diesem Bilde will er gleichen; er fängt schon an, ihm zu gleichen, — und nun entdeckt er plötzlich die Umwelt der Wirklichkeit, in der er steht, und das Verhältnis dieser Umwelt zu ihm.

Wäre die Macht, die das Leben der Menschen lenkt, eine verführerische Macht, so würde sie in diesem Augenblick spottend von dem Jüngling sagen: „Siehe, nun ist er gefangen!“, so wie etwa die Umwelt von ihm sagt: „Siehe, da ist ein Jüngling, der sich von seiner Einbildungskraft hat verlocken lassen, zu weit vorzugehen, so daß er überspannt und lächerlich geworden ist und nicht in die Wirklichkeit paßt."

Aber die Macht, die das Leben der Menschen lenkt, ist die *Liebe,* und wenn man sagen könnte, sie besäße eine Vorliebe, so hätte sie für diesen Jüngling eine Vorliebe, — so wie wir ja lesen, daß Christus an einem reichen Jüngling Gefallen fand, nicht weil er weltklug wurde und von ihm abschwenkte, sondern weil er so weit vorgeschritten war, daß Christus schon begonnen hatte, auf ihn zu hoffen. — Die liebreiche Vorsehung urteilt über diesen Jüngling nicht lieblos, wie es die Welt tut, sondern sagt: „Wohl dir! Nun beginnt für dich des Lebens Ernst; du bist nun so weit vorwärtsgekommen, daß es für dich Ernst damit werden wird, daß ‚leben' heißt, geprüft werden."

Der Ernst des Lebens ist nämlich doch nicht die Geschäftigkeit der Endlichkeit und die Geschäftigkeit mit Gewerbe, Lebensunterhalt, Berufsstellung und Kinderzeugen; vielmehr besteht der Ernst des Lebens darin, daß man in der Alltagswirklichkeit die Vollkommenheit (die Idealität) sein und ausdrücken *will,* — daß man sie auch wirklich *will,* ohne zu seinem eigenen Verderben ein für allemal einen Strich darunter zu machen, auch ohne sie aus Aufgeblasenheit eitel wie einen Traum zu nehmen — was für ein trauriger Mangel an Ernst ist das doch in beiden Fällen! —, sondern daß man die Vollkommenheit demütig in der Wirklichkeit will.

In einem gewissen Sinne hat die Einbildungskraft den Jüngling betrogen; aber fürwahr, — wenn er selber will, hat sie ihn nicht zu seinem Schaden betrogen, sondern ihn in das Wahre hineinbetrogen, ihn durch einen Betrug gleichsam Gott in die Hände gespielt. Wenn der Jüngling will, — Gott im Himmel wartet auf ihn, er will ihm helfen, wie einem beim Examen geholfen werden kann, das doch den Ernst des höchsten Examens haben soll. Die Einbildungskraft hat den Jüngling betrogen, mit Hilfe jenes Vollkommenheitsbildes hat sie ihn vergessen lassen, daß er ja in der

Wirklichkeit ist. Und nun steht er da, ganz richtig gestellt. Gewiß, — einen Augenblick lang schaudert ihn vielleicht, wenn er sich nun die Sache ansieht; aber von dem Bilde ablassen, — nein, dazu kann er sich nicht entschließen. Anderseits vom Leiden ablassen, — das kann er auch nicht, wenn er sich nicht entschließen kann, von dem Bilde zu lassen; denn das Bild, dem er gleichen will, ist das Bild der Vollkommenheit, und die Wirklichkeit, in der er steht und die Gleichheit zum Ausdruck bringen will, ist nichts weniger als Vollkommenheit. So ist ihm also Leiden auferlegt und unvermeidlich. So ist er also — Gott sei gelobt! — (denn fort mit dem feigen Gerede! Verflucht sei der Spott der Erbärmlichkeit! Hier, wo in Wahrheit nur Rede von Beglückwünschung sein kann!) —: er ist also — Gott sei gelobt! — in der Klemme. Es hängt von der Vorsehung ab, wobei wir jedoch nie vergessen wollen, daß sie die Liebe ist, — es hängt also von der Vorsehung ab, wie viele Löcher sie ihm, wenn ich so sagen darf, einschrauben will und wie stark sie gewissermaßen den Ofen heizen will, in dem er — dem Golde gleich — geprüft werden soll. Vielleicht hat er den wahren Zusammenhang der Sache noch lange nicht überschaut; denn die Vorsehung ist die Liebe, und ist es ihr mit der Prüfung ernst, so liegt in diesem Ernst nichts Grausames. Sie faßt den Menschen doch glimpflich an und versucht ihn nie über Vermögen. Er hat gesehen, daß ihm Leiden bevorstehen, — er hat gesehen, was diese Liebe ihn kosten wird; aber wer weiß, sagt er, es können ja bessere Zeiten kommen, es kann ja Hilfe kommen, und alles kann noch gut werden. So gibt er also das Bild nicht auf, sondern geht unbefangen in das Leiden hinein, worin er geführt wird; denn die Vorsehung ist ja die Liebe: voller Schonung gegenüber dem begeisterten Jüngling bringt sie es nicht übers Herz, ihn sofort verstehen zu lassen, daß hier eine Täuschung vorliegt und er die Rechnung ohne den Wirt macht. Dies zu verstehen, könnte er noch nicht ertragen, und darum — welch unendlich liebevolles Umsorgen! —

kann er es auch nicht verstehen. Er hält aus, und beim Aushalten wird er gestärkt, wie man im Leiden gestärkt wird, — nun liebt er jenes Vollkommenheitsbild noch einmal so sehr; denn wofür man gelitten hat, das liebt man stets mehr. Herrlich! Dagegen ist ihm eines entgangen: die Hilfe, auf die er gehofft hat, kommt nicht. Nur in einem ganz anderen Sinne ist ihm Hilfe zuteil geworden: er ist stärker geworden.

So macht es die Vorsehung nun mehrmals mit ihm und hilft ihm jedesmal weiter ins Leiden hinein, weil er jenes Bild nicht lassen will, dem er zu gleichen wünscht. Dann kommt ein Augenblick, da ihm alles klar wird. Nun versteht er, daß jene Hoffnung nur die Hoffnung der Jugendlichkeit war. Nun begreift er, daß das Leiden unumgänglich ist und mit jedem Schritt vorwärts zunimmt. Nun hat ihn das Dasein so stark geschraubt, wie es einen Menschen nur schrauben kann. In diesem Druck leben oder diesen Druck im Leben aushalten, das nennt man mit Nachdruck: als Mensch existieren. Hätte das Dasein ihn sofort ganz stark geschraubt, so hätte es ihn zerdrückt. Nun kann er es gut ertragen, — ja, muß es ertragen können, da es ja die Vorsehung so mit ihm macht, — die Vorsehung, die ja die Liebe ist. Aber dennoch schaudert ihn; der Versucher flüstert ihm zu, er solle jenes Bild aufgeben. Aber dazu kann er sich nicht entschließen, und so bricht er in die Worte aus: „Ich kann nicht anders, Gott helfe mir!" — Nehmen wir nun einmal an, er halte bis zu seinem Tode aus: dann bestand er seine Prüfung. Er selber wurde das Vollkommenheitsbild, das er liebte, und die Einbildungskraft hat ihn ebenso wenig betrogen wie die Vorsehung.

Um ins Himmelreich einzugehen, muß man wieder Kind werden. Aber damit ein Mensch durch sein Leben zum Ausdruck bringen kann, daß er ins Himmelreich eingegangen ist, muß er zum zweiten Male Jüngling werden. Kind sein, Jüngling sein, wenn man es ist, — das ist leicht genug; aber es *zum zweiten Male* sein, — das ist das Entscheidende. Wieder Kind werden, wieder zu einem Nichts werden, ohne jegliche Selbstsucht, — wieder Jüngling werden, obwohl man klug, klug aus Erfahrung und klug auf der Welt geworden ist, und trotzdem das Klughandeln verachten, — Jüngling *sein wollen*, die Begeisterung des Jünglings in all ihrer Ursprünglichkeit frei bewahren *wollen*, sie durchkämpfen *wollen*, und vor dem Markten und Feilschen und, was dasselbe ist, vor der Gewinnung irdischen Vorteils mehr Angst und Scheu haben als das schamhafteste Mädchen gegenüber einer Unanständigkeit, — ja, das ist die Aufgabe.

## 29

## Rückkehr zum Christusglauben

Das eben war seit langen, langen Zeiten das Unglück der Christenheit und ist es auch heute noch, daß Christus weder das eine noch das andere ist, — weder der, der er war, da er auf Erden lebte, noch auch der, der er, wie man glauben muß, bei seiner Wiederkehr sein wird, — vielmehr einer, von dem man auf unzulässige Weise etwas aus der Geschichte erfahren hat, daß er nämlich so irgend etwas Großes gewesen ist.

Bezüglich Christus ist man auf unzulässige und unrechtliche Weise *wissend* geworden; denn zulässig ist nur das eine, nämlich, daß man *glaubend* wird. Gegenseitig hat man einander darin bestärkt, daß man durch den Erfolg von Christi Leben und durch die 1800 Jahre — also durch die Folgen — das Endergebnis in Erfahrung gebracht hat. Da dies nach und nach Wissen wurde, wurde aus dem Christentum aller Saft und alle Kraft herausdestilliert. Das Paradox verlor seine Spannkraft, und man wurde Christ, ohne es zu merken und auch ohne von der Möglichkeit des Ärgernisses das geringste zu gewahren. Man nahm Christi

Lehre hin, wandte sie um und schabte an ihr herum, und er selber bürgte ohne weiteres für die Wahrheit, — als ein Mann, dessen Leben in der Geschichte solche Folgen gehabt hatte. So ging alles ganz hübsch wie der Fuß in den Strumpf, und das war auch ganz natürlich; denn auf solche Weise wurde das Christentum zum Heidentum.

Nun herrscht im Christentum allsonntäglich ein unablässiges, schwülstiges Schwätzen über die herrlichen und unschätzbaren Wahrheiten des Christentums, über seinen milden Trost, — aber man merkt gar sehr, daß, seit Christus lebte, 1800 Jahre vorbei sind; aus dem Zeichen des Ärgernisses und aus dem Gegenstand des Glaubens ist das märchenhafteste aller Fabelwesen, ein göttlich guter Mann geworden. Was sich ärgern heißt, weiß man nicht, und noch viel weniger weiß man, was anbeten heißt. Was man an Christus besonders preist, ist gerade das, worüber man sich am meisten erbittern würde, wenn man es als sein Zeitgenosse erlebte. Aber jetzt ist man im Vertrauen auf den Ausgang ganz sicher. Und im Vertrauen darauf, daß es auf Grund der Geschichte als ganz sicher zu gelten hat, daß er das Große war, schließt man: also ist das das Richtige. Das soll heißen: das Richtige, Edle, Erhabene und Wahre ist es deswegen, weil er es tut. Mit anderen Worten: man kümmert sich eigentlich nicht tiefer um die Erkenntnis dessen, *was* er tut, und noch weniger macht man sich etwas daraus, mit Gottes Beistand und mit den eigenen schwachen Kräften ihm im Wirken des Richtigen, Edlen, Erhabenen und Wahren nachzuahmen; denn worin dies besteht, das erfährt man eigentlich überhaupt nicht, und daher kann man in der Lage der Gleichzeitigkeit genau entgegengesetzt urteilen. Es genügt einem, ihn zu bewundern und zu preisen, und wie von einem Übersetzer gesagt wurde, der ängstlich und daher auch sinnlos einen Verfasser übersetzte, ist man „zu gewissenhaft", vielleicht auch zu feige und zu weichlich, um richtig verstehen zu wollen.

Die Christenheit hat, ohne es recht selber zu merken, das

Christentum abgeschafft; daraus ergibt sich, daß, wenn etwas geschehen soll, versucht werden muß, das Christentum wieder in die Christenheit einzuführen.

## 30

### Von der Unsterblichkeit

Wenn der eine objektiv nach der Unsterblichkeit forscht und der andere in die Ungewißheit die Leidenschaft der Unendlichkeit legt —: bei wem ist dann die meiste Wahrheit zu erwarten? Wer hat dann die größte Gewißheit?

Der eine ist ein für allemal auf ein Annähern eingegangen, das nie ein Ende findet; denn die Gewißheit der Unsterblichkeit liegt ja gerade in der Subjektivität. Der andere ist unsterblich und kämpft gerade dafür, indem er gegen die Ungewißheit streitet.

Wir wollen einmal Sokrates betrachten. Heutzutage pfuscht ja jeder an ein paar Beweisen herum, der eine hat mehr, der andere hat weniger Beweise. Aber Sokrates, — er stellt die Frage objektiv problematisch hin und sagt, *wenn* es eine Unsterblichkeit gibt. War er also im Vergleich zu einem der modernen Denker, die über drei Beweise verfügen, ein Zweifler? Durchaus nicht. Auf dieses „Wenn" setzt er sein ganzes Leben ein. Er wagt es zu sterben, und sein ganzes Leben hat er mit der Leidenschaft der Unendlichkeit so eingerichtet, daß es als annehmbar befunden werden mußte, *wenn* es eine Unsterblichkeit gibt. Gibt es einen noch besseren Beweis für die Unsterblichkeit der Seele?

Doch die, die drei Beweise haben, richten ihr Leben gar nicht danach ein; wenn es eine Unsterblichkeit gibt, muß sie sich über ihre Art zu leben ekeln: gibt es einen besseren Gegenbeweis gegen die drei Beweise? — Das bißchen Ungewißheit half Sokrates, weil er selber mit der Leidenschaft der Unendlichkeit nachhalf; aber den anderen nützen die

drei Beweise gar nichts, weil sie mürrische Personen sind und
bleiben und weil sie durch ihre drei Beweise mangels etwas
anderem gerade dieses eine beweisen. So hat vielleicht auch
ein Mädchen bei einer schwachen Hoffnung, vom Geliebten
geliebt zu sein, alle Süßigkeit des Verliebtseins besessen, weil
sie alles auf diese schwache Hoffnung setzte. Dagegen hat
manche Ehefrau, die mehr als einmal dem stärksten Ausdruck der Liebe erlegen ist, wohl Beweise gehabt, aber selt-
samerweise doch nicht das zu eigen gehabt, quod erat de-
monstrandum.

So war die sokratische Unwissenheit der mit der ganzen
Leidenschaft der Innerlichkeit festgehaltene Ausdruck dafür,
daß sich die ewige Wahrheit zu einem Existierenden verhält
und ihm deswegen ein Paradox bleiben muß, solange er
existiert. Dennoch dürfte es möglich sein, daß in der sokratischen Unwissenheit bei Sokrates mehr Wahrheit war als in
der objektiven Wahrheit des ganzen Systems, die mit den
Forderungen der Zeit gefallsüchtig liebäugelt und sich nach
Privatdozenten richtet.

## 31

## Der Christ in der Todesstunde

Wird es vor einem echten Christen in der Todesstunde dunkel, so geschieht das deshalb, weil ihm das Sonnenlicht der
Seligkeit zu stark ins Auge scheint.

## 32

## Vom Glauben

Der Gegenstand des Glaubens ist die Wirklichkeit eines anderen; sein Verhältnis ist eine unendliche Interessiertheit.

Der Gegenstand des Glaubens ist keine *Lehre;* denn dann ist das Verhältnis ein intellektuelles, und dann soll man nicht pfuschen, sondern das Höchstmaß des intellektuellen Verhältnisses erreichen. Der Gegenstand des Glaubens ist auch kein *Lehrer,* der eine Lehre hat; denn wenn ein Lehrer über eine Lehre verfügt, ist eben dadurch die Lehre wichtiger als der Lehrer und das Verhältnis intellektuell, wo es nicht darum geht, zu pfuschen, sondern das Höchstmaß des intellektuellen Verhältnisses zu erreichen. Aber der Gegenstand des Glaubens ist die *Wirklichkeit* des *Lehrers,* — also daß der Lehrer wirklich da ist. Daher ist die Antwort des Glaubens unbedingt Ja oder Nein; denn die Antwort des Glaubens steht in keinem Verhältnis zu einer Lehre und bezieht sich nicht auf die Frage, ob die Lehre wahr oder nicht wahr ist. Auch steht sie in keinem Verhältnis zu einem Lehrer und ist keine Antwort auf die Frage, ob seine Lehre wahr ist oder nicht. Vielmehr ist es eine Antwort auf die Frage nach einem Tatbestand: nimmst du an, daß er wirklich existiert hat?

Die Antwort ist, worauf man wohl achten muß, ohne unendliche Leidenschaft undenkbar. In bezug auf einen *Menschen* ist es nämlich gedankenlos, so unendlich viel Gewicht auf die Frage zu legen, ob er existiert hat oder nicht. Wenn also der Gegenstand des Glaubens ein Mensch ist, so ist das Ganze der Narrenstreich eines törichten Menschen, der nicht einmal das Ästhetische und Intellektuelle erfaßt hat. Daher ist der Gegenstand des Glaubens die *Wirklichkeit Gottes* (Wirklichkeit im Sinne von Existenz). Aber Existieren bedeutet vor allem: ein Einzelner sein. Deswegen muß das Denken, da sich nicht das Einzelne, sondern nur das Allgemeine denken läßt, von Existenz absehen. Der Gegenstand des Glaubens ist also die Wirklichkeit Gottes in Existenz, als eines Einzelnen, also so, daß Gott als Einzelner existiert hat.

Das Christentum ist keine Lehre von der Einheit des Göttlichen und des Menschlichen, vom Subjekt-Objekt und von

den übrigen logischen Umschreibungen des Christentums, die
ich hier nicht im einzelnen anführen will. Wäre nämlich das
Christentum eine Lehre, so wäre das Verhältnis zu ihm nicht
das des Glaubens; denn zu einer Lehre gibt es nur ein intellektuelles Verhältnis. Deswegen ist das Christentum keine
Lehre, sondern der Tatbestand, daß der Gott existiert hat.

Glaube ist demnach keine Abc-Schützen-Aufgabe im Bereich
der Intellektualität, kein Obdach für Schwachköpfe. Vielmehr ist Glaube ein Bereich für sich selber, und jedes Mißverstehen des Christentums ist sofort daran kenntlich, daß
es das Christentum in eine Lehre verwandelt und sie in den
Kreis der Intellektualität zieht. Was im Bereich der Intellektualität als Höchstmaß gilt (daß man nämlich gegen die
Wirklichkeit des Lehrers völlig gleichgültig ist), gilt in um-
gekehrtem Sinne im Bereich des Glaubens: sein Höchstmaß
ist die möglichst unendliche Interessiertheit für die Wirklichkeit des Lehrers.

## 33

## Von der Klugheit des Christen

Gerade das ist Christentum, daß man im Vertrauen auf
Gott wagt, die Wahrscheinlichkeit fahrenzulassen, und
daß man, wenn man Christ sein will, davon nur durch De-
mütigungen und Zugeständnisse freigesprochen werden kann.
Das soll feststehen — o, mein Gott! Mache du es fest! —:
wie das Christentum Hurerei, Mord, Diebstahl und alles,
was sonst den Menschen beflecken kann, verabscheut, so
kennt es auch noch eine andere Art von Befleckung: feige
Klugheit und weichliche Verständigkeit, erbärmliche Fron-
dienste für die Wahrscheinlichkeit, — diese Befleckung ist in
christlicher Auffassung vielleicht die gefährlichste. Deswegen
wird es auch in der Heiligen Schrift eingeschärft; denn von
den Feigen und Weichlichen wird immer in gleichem Sinne

gesprochen wie von den Räubern, Mördern und Hurern, und von ihnen allen wird eines und dasselbe gesagt: sie sollen Gottes Reich **nicht erben.**

Ja, wirklich, — das Christentum verabscheut als Befleckung das, was die Welt als das Höchste preist: immerdar klug zu handeln. Diese Befleckung ist dem Christentum so zuwider wie die bei seinem ersten Auftreten verabscheute Abgötterei. Aber diese Vergötterung der Klugheit in unserer Zeit bildet gerade den Götzendienst unserer Tage und den Abscheu des Christentums, ohne daß damit das Christentum etwas gegen die Klugheit als Gabe und Vermögen einzuwenden hat. Nein, nicht im entferntesten! Auch weiß das Christentum sehr gut, wie schwer es einem Klugen fällt, sich das Klughandeln versagen zu sollen. O, wenn es für einen Menschen schon schwierig ist und es ihm selten glückt, ein Laster, dem er sich ergab, abzulegen, — wieviel schwieriger ist es doch, in jedem Augenblick die Klugheit zur Hand zu haben, mit klugen Augen das Klügste zu sehen und das Lustvolle im Klugsein zu kosten — und sich dann das Klughandeln verbieten zu sollen!

Das jedoch verlangt das Christentum; denn in christlicher Auffassung wäre es eine Lobrede, wenn man von einem Menschen sagen könnte: „Er war der verständigste Mensch seiner Zeit und der klügste Mann im ganzen Reich. Allen war es bekannt, daß, wenn man in einer schwierigen, verwickelten Sache den klügsten Rat suchte und zu ihm ging, man zu ihm nicht vergeblich kam; einen vergeblichen Gang tat man nur dann, wenn man sich bei einem anderen Rat holte. Aber selber **klug gehandelt,** — nein, das hat er nie! Mit jungfräulicher Reinheit und mit der Schamhaftigkeit eines errötenden Jünglings hat er das Klughandeln verabscheut! Sein Leben lag jenseits der Wahrscheinlichkeit: *da* lebte er, *da* wagte er im Vertrauen auf Gott, — er, der Verständigste von allen!" —

34

## Von Sünde und Seligkeit

Das macht überhaupt in allem Menschlichen die Unvollkommenheit aus, daß einem erst durch den Gegensatz das
Erstrebte zu eigen wird. Nicht will ich von der Mannigfal-
tigkeit der Formen sprechen, die dem Psychologen genug zu
schaffen machen kann: der Melancholiker hat meist eine
starke Neigung zum Komischen, der genußsüchtige Mann
ist oft der größte Liebhaber des Idyllischen, der Ausschwei-
fende ist oft der größte Moralist, und der Zweifler oft der
religiöste Mensch; — nur daran möchte ich erinnern, daß
wir erst durch die Sünde die Seligkeit schauen.

35

## Von der Seligkeit des Glaubens

Selig, wer sich nicht an ihm ärgert, — selig, wer glaubt, daß
Jesus Christus hier auf Erden gelebt hat und daß er wirklich
der war, für den er sich ausgab, nämlich der geringe Mensch
und dennoch Gott, der Eingeborene des Vaters. Selig, wer
keinen anderen kennt, zu dem er gehen könnte, und in allem
zu ihm zu gehen versteht. Was die Lebenslage eines Menschen auch sein mag, sollte er gar in Armut und Elend leben
—: selig, wer sich nicht ärgert, sondern glaubt, daß Christus
mit fünf Broten und zwei kleinen Fischen fünftausend Menschen speiste, — selig, wer sich nicht ärgert, sondern glaubt,
daß dies wirklich geschah, — wer sich nicht ärgert, daß
dies jetzt nicht mehr *geschieht*, sondern wer glaubt, daß es
*geschehen ist*.
  Was das Schicksal des Menschen auf Erden auch sein mag
und wie sich die Stürme gegen ihn auch erheben mögen —:
selig, wer nicht Ärgernis nimmt, sondern glaubt, daß Christus

den Wassern gebot und daß Windstille eintrat, — wer völlig und fest glaubt, daß Petrus einzig und allein deswegen im Meere einsank, weil er nicht völlig und fest geglaubt hatte.

Was eines Menschen Vergehen auch sein mag, und wäre seine Schuld auch so entsetzlich, daß nicht bloß er selber, sondern die Menschheit an der Möglichkeit ihrer Vergebung verzweifelte —: selig, wer sich dennoch nicht ärgert, sondern glaubt, daß Christus zu dem Gichtbrüchigen sagte: „Deine Sünden sind dir vergeben", und daß ihm diese Worte genauso leicht fielen wie der Ausspruch zu dem Gichtbrüchigen: „Nimm dein Bett, steh auf und wandle", — selig, wer sich nicht ärgert, sondern an die Sündenvergebung glaubt, obwohl ihm zu diesem Glauben nicht gleich dem Gichtbrüchigen durch die Gewißheit der Heilung geholfen wird.

Selig, wer sich beim Eintritt seiner letzten Stunde nicht ärgert wie seine Zeitgenossen, da er sagte: „Das Mädchen ist nicht tot, es schläft", — selig, wer sich nicht ärgert, sondern glaubt und — einem Kinde gleich, dem man, wenn es schlafen soll, bestimmte Worte zu sprechen anrät, um in Schlaf zu fallen — sagt: „Ich glaube an ihn", und dann schläft. Ja, selig ist er, er ist nicht tot, sondern er schläft!

Was hier auf Erden das Leiden des Christen um des Glaubens willen auch sein mag, — mag er um des Glaubens willen auch verlacht, verfolgt und getötet werden —: selig, wer sich nicht ärgert, sondern glaubt, daß er, der Erniedrigte, der geringe, der verachtete Mensch, — er, der nur in trauriger Weise erfuhr, was es heißt, Mensch zu sein, da man von ihm sagte: „Seht, welch ein Mensch!", — selig, wer sich nicht ärgert, sondern glaubt, daß er Gott, der Eingeborene des Vaters war und daß solches Leiden zu Christus gehörte und allen zuteil werden muß, die ihm angehören wollen.

Ja, selig, wer sich nicht ärgert, sondern glaubt! O, was für ein seliger Siegespreis! Denn der Glaube überwindet die Welt, indem er in jedem Augenblick den Feind im Innern — die Möglichkeit, sich zu ärgern — überwindet.

Fürchte nicht die Welt, nicht Armut, Elend und Krankheit, nicht Not und Widerwärtigkeiten, nicht die Ungerechtigkeit der Menschen, nicht ihre Kränkungen und Mißhandlungen, — fürchte nichts von dem, was nur den äußeren Menschen verderben kann. Fürchte nicht die, die deinen Leib töten können. Wohl aber fürchte dich selber, — fürchte dich vor dem, was den Glauben ertöten und damit Christus für dich ertöten kann! Fürchte das Ärgernis, das freilich ein anderer geben kann, aber dir doch nichts anhaben kann, wenn du nicht selber Ärgernis nimmst. Fürchte dich und zittere; denn der Glaube wird in einem zerbrechlichen Tongefäß getragen, — in der Möglichkeit des Ärgernisses!

Selig, wer sich an ihm nicht ärgert, sondern glaubt!

## 36

### Vorsehung und großer Mensch

Soll ein großer Mann nach anderen Grundsätzen beurteilt werden als jeder andere Mensch?

Diese Frage hat man oft mit „Ja" beantwortet, aber ich bin für „Nein". Ein großer Mann ist nämlich gerade dadurch groß, daß er ein auserwähltes Werkzeug in Gottes Hand ist; aber wenn er sich einbildet, er selber sei der Handelnde, er selber könne in die Zukunft hinausblicken und mit Rücksicht darauf den Zweck die Mittel heiligen lassen, — im gleichen Augenblick ist er klein. Recht und Pflicht gelten für alle, und ihre Übertretung kann ebensowenig bei dem großen Mann wie bei den Staaten entschuldigt werden, wo man sich gleichwohl einbildet, die Politik dürfe Unrecht tun. Wohl hat solch ein Unrecht oft nützliche Folgen gehabt; aber sie haben wir nicht dem großen Mann oder dem Staat zuzuschreiben, sondern der Vorsehung.

37

## Über religiöse Gleichgültigkeit

Die Schwierigkeit besteht darin, daß unsere ganze Zeit in die tiefste Gleichgültigkeit gesunken ist und schlechterdings keine Religion hat und nicht einmal in der Lage ist, Religion zu haben.

Die Irreführung kommt daher, daß man sich Christ nennt und nicht darauf achtet, was Gleichgültigkeit eigentlich ist oder worin die verderblichste Form von Gleichgültigkeit besteht.

Unter Gleichgültigkeit in religiösen Dingen denkt man sich eigentlich nur das eine, daß man gar keine Religion hat. Aber in dem entschiedenen, entschlossenen und bestimmten Nichtbesitzen von Religion liegt bereits etwas Leidenschaftliches, und daher ist dies nicht die gefährlichste Art von Gleichgültigkeit. Deswegen kommt sie auch seltener vor.

Nein, — die gefährlichste und ganz allgemeine Art von religiöser Unbekümmertheit liegt darin, daß man eine bestimmte Religion hat; aber diese Religion ist zu reiner Tändelei ausgewaschen und verpfuscht, so daß man diese Religion in gänzlich leidenschaftsloser Weise besitzen kann. Das ist die allergefährlichste Art von Gleichgültigkeit; denn gerade im Besitz von diesem Jux, dem man den Namen „Religion" gibt, glaubt man sich vor dem Vorwurf, man habe keine Religion, gesichert zu haben und ihm gegenüber unzugänglich zu sein.

Zu jeder Religion gehört Leidenschaft und Leidenschaftlichkeit. Deswegen weist ja — vor allem in Zeiten der Verständigkeit — jede Religion nur sehr wenige Anhänger auf. Dagegen gibt es Tausende, die von der Religion so ein bißchen nehmen, es auswaschen und verpfuschen und dann leidenschaftslos, irreligiös und gleichgültig ihre Religion haben oder — mit anderen Worten: allem anderen gegenüber völlig gleichgültig, sind sie im Besitz dieser Religion gegen die Beschuldigung gesichert, sie hätten keine Religion.

Hier liegt die Schwierigkeit, mit der ich zu kämpfen habe, — eine Schwierigkeit, ähnlich der, wenn man ein Schiff losmachen will, das von so weichem Boden umgeben ist, daß jeder eingerammte Pfahl nachgibt und keinen Halt findet.

Was ich vor mir sehe, ist Gleichgültigkeit, — Gleichgültigkeit von der tiefsten, verderblichsten und gefährlichsten Art. Es ist eine Gesellschaft, von der ein Apostel sagen würde: „Das sollen Christen sein? Sie haben ja überhaupt keine Religion und sind nicht einmal in der Lage, Religion zu haben!!" Eine Gesellschaft ist das, von der Sokrates sagen würde: „Menschen sind das nicht, vielmehr sind sie entmenscht zum Publikum oder weil sie Publikum sind."

Alle miteinander sind Publikum. Das Menschliche, *ob* nämlich eine Meinung an und für sich wahr ist, beschäftigt keinen; womit man sich statt dessen abgibt, das ist die Frage, *wie viele* Menschen diese Meinung haben. Aha! Die Zahl entscheidet nämlich darüber, ob eine Meinung sinnliche Macht besitzt, und dies eine beschäftigt sie ausnahmslos, jeden einzelnen im Volke, — ja, den einzelnen gibt es ja gar nicht mehr: jeder einzelne ist Publikum.

# DIE NACHFOLGE CHRISTI

## TATCHRISTENTUM

### 38

### Von der Nachfolge Christi

Es ist zur Genüge bekannt, daß Christus beständig den Ausdruck „Nachfolger" anwendet. Nie spricht er davon, daß er Bewunderer, anbetende Bewunderer oder auch Anhänger verlangt, und wenn er den Ausdruck „Jünger" gebraucht, erklärt er ihn immer so, daß man sieht, daß darunter Nachfolger verstanden werden, — nicht Anhänger einer *Lehre*, sondern Nachfolger eines *Lebens*, das den Willen, ihm zu gleichen, nicht durch irgendeine zufällige Hoheit zu Vermessenheit oder Wahnwitz macht.

Auch ist es ja zur Genüge bekannt, ... daß es der *erniedrigte* Christus ist, der redet, und daß jedes Wort, das wir von Christus besitzen, von ihm, dem Erniedrigten, stammt. Nun muß man doch wohl annehmen, daß Christus selber völlig gewußt hat, warum er gerade diesen Ausdruck wählte, der allein und unbedingt in der innerlichsten und tiefsten Übereinstimmung mit dem steht, was er beständig von sich selber sagte oder wovon er sagte, daß er selber es sei, — nämlich die Wahrheit, der Weg und das Leben, — daß er also kein Lehrer war in dem Sinne, daß er bloß eine Lehre vorzutragen hatte und sich also mit Anhängern begnügen konnte, die die Lehre annehmen, aber im Leben nichts davon merken ließen oder fünf gerade sein ließen. Auch muß man doch wohl annehmen, daß er selber völlig gewußt hat, weswegen sein ganzes Leben auf Erden von Anfang bis zu

Ende nur darauf berechnet war, „Nachfolger" bekommen
zu können und „Bewunderer" unmöglich zu machen.

### 39

#### Christus nicht Wohltäter, sondern Vorbild

Die jetzige Christenheit lebt eigentlich so, als wäre das Verhältnis folgendes: Christus ist der große Held und Wohl-
täter, der uns ein für allemal die Seligkeit gesichert hat;
nun sollen wir bloß guter Dinge sein, uns an den unschuldigen Gütern des Erdenlebens erfreuen und alles übrige ihm
anheimgeben.

Aber in Wirklichkeit ist Christus wesentlich das Vorbild;
wir sollen ihm also gleichen und nicht bloß seine Nutz-
nießer sein.

### 40

#### Vom Wesen echter Nachfolge

Die rechte Nachfolge kommt nicht dadurch zustande, daß
man predigt: „Du sollst Christus nachfolgen", sondern dadurch, daß man davon predigt, was Christus für mich getan
hat. Faßt und fühlt dies ein Mensch recht tief und wahr,
wie unendlich viel Christus für ihn getan hat, so folgt die
Nachfolge schon von selber.

**41**

## Von Bewunderern und Nachfolgern

Was ist der Unterschied zwischen einem „Bewunderer" und einem „Nachfolger"?

Ein Nachfolger *ist*, was er bewundert, oder er strebt doch danach, es zu *sein*. Ein Bewunderer hält sich persönlich außerhalb und kommt bewußt oder unbewußt nicht zu der Entdeckung, daß das Bewunderte eine Forderung an ihn enthält, — nämlich die Forderung, entweder das Bewunderte zu sein oder doch danach zu streben, es zu sein.

Um jedoch kein Mißverständnis aufkommen zu lassen, will ich nicht verfehlen, daran zu erinnern (was ja auch leicht zu verstehen ist), daß es Verhältnisse gibt, in denen Bewundern richtig ist. Wenn nämlich das, was den Gegenstand meiner Bewunderung bildet, wirklich keine Forderung an mich enthält oder enthalten kann, dem Bewunderten zu gleichen, so ist die Beschränkung auf das Bewundern ganz richtig. So kann ich Schönheit, Reichtum, außerordentliche Gaben, ausgezeichnete Taten, Meisterwerke, Glück usw. bewundern; denn in alledem ist keine Forderung an mich enthalten, und stattdessen bezieht sich alles auf die Verschiedenheit zwischen Mensch und Mensch, — eine Verschiedenheit, die sich kein Mensch selber geben kann und die ihm vielmehr gegeben werden muß. Das soll heißen: Bewunderung ist überall da wahr, wo ich durch eine, nicht in meiner Macht stehende Bedingung rechtens daran gehindert bin, dem Bewunderten gleichen zu können, selbst wenn ich es auch gerne wollte. Ich sage: selbst wenn ich es auch gerne wollte. Doch nein, — wenn es sich so verhält, soll ich es gerade nicht wollen. Setze ich es mir jedoch in den Kopf, ich möchte dem Bewunderten gerne gleichen oder gerne das Bewunderte sein, so geschieht da leicht etwas anderes: meine Bewunderung verwandelt sich in Mißgunst. In dieser Lage soll ich es mir daher versagen, selbst das Bewunderte zu sein; denn

„du sollst nicht begehren", sagt die Heilige Schrift. Was dir
versagt ist, sollst du nicht begehren; ist es einem anderen
verliehen, so sollst du dich über die ihm gewährte Gunst
freuen, und wenn dies ihm Verliehene derartig ist, daß es
Gegenstand der Bewunderung werden kann, so sollst du es
bewundern.

Anders ist es im Verhältnis zum Allgemeinmenschlichen
oder zu dem, was jeder, unbedingt jeder Mensch vermag.
An keine andere Bedingung ist es geknüpft als an die, die
in jedes Menschen Macht steht, — nämlich an das Allgemein-
menschliche, an das Sittliche, was jeder Mensch soll und
also wohl auch leisten kann. Hier ist Bewunderung völlig
fehl am Platze und ist Betrug und Hinterlist, die nach Aus-
flüchten und Entschuldigungen sucht. Kenne ich einen Mann,
den ich wegen seiner Uneigennützigkeit, seiner Aufopferung,
seiner Hochherzigkeit usw. achten muß, so soll ich ihn nicht
bewundern, sondern ihm gleichen; ich soll mich selber nicht
betrügen und mir nicht einbilden, mein Bewundern sei von
meiner Seite aus etwas Verdienstliches. Vielmehr soll ich
verstehen, daß mein Bewundern bloß eine Erfindung der
Trägheit und der Weichlichkeit ist; ich soll ihm gleichen,
und mit meinem Streben, ihm zu gleichen, soll ich sofort
beginnen.

Was will das nun besagen? Das will heißen: der Bewundernde (hier ist natürlich nur von solchen Verhältnissen die
Rede, in denen man mit Recht der Bewundernde ist), — der
Bewundernde hält sich also persönlich außerhalb, vergißt
sich selber und vergißt, daß ihm versagt ist, was er bei dem
anderen bewundert. Gerade darin, daß er sich selber vergißt, um zu bewundern, liegt das Schöne. Im anderen Falle,
da also das Bewundern unwahr ist, gelange ich sofort dazu,
an mich selbst, einzig und allein an mich selber zu denken.
Sobald ich den anderen, den Uneigennützigen und Hoch-
herzigen gewahre, sage ich zu mir selber: „Bist du nun so
wie er?" Im Denken an mich selber vergesse ich ihn völlig.
Da ich zu desto größerem Leidwesen entdecke, daß ich

durchaus nicht so bin wie er, bekomme ich um so mehr an
und mit mir selber zu tun, daß nun ... Ja, nun habe ich ihn
völlig vergessen. Doch nein, — vergessen habe ich ihn nicht;
vielmehr ist er mir zu einer Forderung an mein Leben geworden, zu einem Stachel in meiner Seele, der mich vorwärts treibt, — zu einem Pfeil, der mich verwundet. In dem
einen Falle verschwinde ich mehr und mehr, verliere mich
in dem Bewunderten, das immer größer und größer wird,
und das Bewunderte verschlingt mich. In dem anderen Falle
verschwindet der andere immer mehr, indem er nämlich in
mich aufgenommen wird oder ich ihn einnehme und ver-
schlucke wie eine Arznei, statt ihn — worauf man achten
muß, weil er ja eine „Forderung" ist — von mir zu geben,
und nun bin ich es, der immer größer und größer wird, indem ich immer mehr dahin komme, ihm zu gleichen.

Daß es im Verhältnis zu Christus Unwahrheit, Betrug
und Sünde ist, ihn bewundern zu wollen (oder, was im we-
sentlichen dasselbe ist, ihn anbetend bewundern zu wollen),
statt ihm nachzufolgen, das ist gewiß leicht genug einzusehen. Da jedoch diese Form von bewußtem oder unbewuß-
tem Selbstbetrug in der Welt oder in der Christenheit sehr
allgemein ist und da gerade Christi Leben als Vorbild darauf angelegt ist, dieses selbstbetrügerische Spiel zunichte zu
machen (weshalb es nur doppelt zu beklagen ist, daß dies
gerade in der Christenheit durch Mißbrauch von Christi
Hoheit sehr allgemein geworden ist), so tut es wohl sehr
not, mit Hilfe des Vorbildes zu erhellen, was mit Fleiß und
Vorsatz oder bloß aus Gedankenlosigkeit dunkel gemacht
worden ist ...

Christus war ... nicht im Besitze eines einzigen irdischen
Vorzuges, der wirklich Gegenstand für die Bewunderung
eines anderen werden konnte oder einen zu der Entschuldigung und Ausflucht veranlassen konnte, er, das Vorbild,
könne es schon, da er ja im Besitze dieser Vorzüge sei. Ferner war sein Leben die „Wahrheit", der gegenüber Bewunderung geradezu Unwahrheit ist.

Aber ob Christus nicht trotzdem Gegenstand der Bewunderung gewesen ist? Gewiß; denn es ist unmöglich, gleich im ersten Augenblick das Mißverständnis zu verhindern, das da Bewunderung heißt, — was übrigens in einer Hinsicht vonnöten ist, um die Menschen mitzureißen. Wenn jedoch die Wahrheit — darin sich selber treu, daß sie die Wahrheit ist — sich nach und nach immer bestimmter als die Wahrheit ausbreitet, so tritt da auch ein Augenblick ein, wo es kein Bewunderer mit ihr aushalten kann und wo sie die Bewunderer abschüttelt wie der Sturm die wurmstichigen Früchte vom Baum. Gerade Christi Leben hat es offenbar, schrecklich offenbar gemacht, wie fürchterlich unwahr es ist, im Verhältnis zur Wahrheit zu bewundern statt nachzufolgen, — eine Tatsache, die in den guten Tagen der Christenheit, da Friede und Ruhe das Mißverständnis begünstigen, möglichst jeden Sonntag in Erinnerung gebracht werden sollte. Wenn keine Gefahr besteht, wenn Windstille herrscht und alles für das Christentum günstig steht, ist es allzuleicht, einen Bewunderer mit einem Nachfolger zu verwechseln. Das kann ganz in der Stille abgehen; der Bewunderer kann in der Einbildung sterben, das Verhältnis, das er einnahm, sei das wahre gewesen. Achte daher auf die Gleichzeitigkeit!

## 42

### Wahres Aposteltum

Wenn ein mächtiger Kaiser einen Gesandten in einem höchst wichtigen Anliegen abschicken wollte und dazu einen Kammerherrn wählte, worüber sich die Vornehmen in hohem Grade aufhielten, da sie selber gerne die Gesandtschaft gehabt hätten —: diese Lage wollen wir nun einmal betrachten. Der Gesandte reist also ab. Aber der Auftrag war eigentlich nicht geradezu angenehm zu nennen; denn das

Volk, zu dem er kam, wurde über seinen Auftrag rasend, und ohne Achtung vor dem Völkerrecht und vor dem mächtigen Kaiser, dessen Person er vertrat, überfielen sie ihn, schlugen sie ihn, spuckten ihn an und jagten ihn wie einen Hund aus der Stadt hinaus. Nun wollen wir uns den Augenblick vorstellen, da er heimkehrt. Da tritt er nun beim Kaiser herein, verneigt sich untertänig vor ihm und sagt, bevor er zu dem Bericht über seinen Auftrag übergeht: „Lassen Sie mich, Majestät, nochmals für die unbeschreibliche Gnade danken, die Sie mir dadurch bewiesen haben, daß Sie mich mit diesem Auftrag betrauten."

So ist es also genauso, wie wenn ein Apostel Gott dafür dankt, daß er gestäupt wurde. Eigentlich dankt er ihm jedoch nicht dafür, daß er gestäupt wurde, sondern vielmehr für die Gnade, daß er ihn zu seinem Abgesandten gemacht hat, und darüber vergißt er ganz, daß er in Verfolg dieses Auftrags gestäupt wurde.

### 43

### Bildung und Christwerden

Im 19. Jahrhundert ist das Christwerden nicht leichter geworden als in der ersten Zeit, im Gegenteil —: es ist schwieriger geworden, vor allem für die Gebildeten, und von Jahr zu Jahr wird es schwieriger werden. Das Übergewicht des Verstandes und die Richtung auf das Objektive wird bei den Gebildeten immerdar gegen das Christwerden Widerstand leisten, und der Widerstand ist die Sünde des Verstandes: die Halbheit. Hat das Christentum einst die Gestalt der Welt verändert, indem es die rohen Leidenschaften der Unmittelbarkeit besiegte und die Staaten veredelte, so wird es nun in der Bildung einen ebenso gefährlichen Widerstand finden. Soll jedoch der Kampf hier ausgefochten werden, so muß er natürlich innerhalb der schärfsten Bestimmungen

des Denkens geführt werden. Das unbedingte Paradox wird
sich schon selber zu behaupten wissen; denn im Verhältnis
zum Unbedingten gelangt mehr Verstand nicht weiter als
weniger Verstand, — im Gegenteil: sie kommen gleich weit,
der hervorragend Begabte langsam, der Einfältige rasch.

Mögen also andere die Bildung geradezu preisen, —
wohlan, so mag man sie also preisen. Aber ich, — ich will
die Bildung doch lieber deswegen preisen, weil sie das
Christwerden so schwer macht; denn ich bin ein Freund von
Schwierigkeiten, vor allem von solchen, die die humoristische
Eigenschaft besitzen, daß der Gebildetste nach Überwindung
der größten Schwierigkeiten nicht wesentlich weiter kommt,
als der einfältige Mensch zu kommen vermag.

44

Unentschiedene Christen

Die meisten bleiben wohl gegenüber dem Christentum ganz
unentschieden.

Aber Menschen, die ein Verhältnis zum Christentum haben, verhalten sich folgendermaßen: sie lassen gewissermaßen
Christus für ihre ewige Seligkeit sorgen, als ob sie selber
damit gar nichts zu schaffen hätten, und ihre Zeit und Kraft
verwenden sie auf den Genuß dieses Lebens.

Auf solche Weise verschieben sie das Christwerden eigentlich auf die Ewigkeit. Ach, gerade in der Ewigkeit ist es
unmöglich, ein Christ zu *werden;* denn da kommt es zur
Entscheidung, und die Entscheidung dreht sich um die Frage,
ob man ein Christ *gewesen* ist.

45

## Existieren oder dahinleben

„Existieren" ist ohne Leidenschaft unmöglich, wofern man darunter nicht ein Dahinleben versteht. Deswegen war auch jeder griechische Denker in seinem Wesen ein leidenschaftlicher Denker. Des öfteren habe ich darüber nachgedacht, wie man einen Menschen in Leidenschaft versetzen könne. So habe ich mir gedacht, wenn ich ihn auf ein Pferd zu sitzen bekäme, das Tier dann scheu machte und in wildestem Galopp dahinjagen ließe, — oder noch besser (um die Leidenschaft recht zum Vorschein kommen zu lassen): wenn ich einen Mann bekommen könnte, der so rasch wie möglich an einen Ort gelangen wollte, also schon von vornherein etwas in Leidenschaft wäre und sich dann auf ein Pferd setzen würde, das kaum gehen könnte. So verhält es sich mit dem Existieren, wenn man sich dessen bewußt sein soll.

Oder wenn man einem Fuhrmann, der anders nicht in Leidenschaft zu bringen ist, einen Pegasus und zugleich eine Schindmähre vor den Wagen spannte und ihm dann sagte: „Fahre nun los!", — dann, meine ich, sollte es doch glücken. So verhält es sich mit dem Existieren, wenn man sich dessen bewußt werden soll. Die Ewigkeit ist unendlich geschwind gleich jenem beschwingten Renner; aber die Zeitlichkeit ist ein alter Klepper, und der Existierende ist der Fuhrmann, — wofern Existieren nicht das ist, was man sonst auch ein Dahinleben nennt. Der Dahinlebende ist kein Fuhrmann, sondern ein betrunkener Bauer, der im Wagen liegt und schläft und die Pferde sich selber überläßt. Gewiß, auch so einer fährt, auch er ist ein Kutscher, und so gibt es vielleicht manchen, der — auch existiert!

46

## Halbchristentum

Mehr als vor dem Sterben und mehr als vor dem Verlust
des Liebsten schaudert mir davor, von dem Christentum
zu sagen, es sei „bis zu einem gewissen Grade" wahr. Würde
ich auch siebzig Jahre alt und verkürzte ich im Ergründen
des Christentums auch den Schlaf der Nacht und steigerte
ich zu diesem Ziele Jahr um Jahr meine tägliche Arbeit,
— was für eine Unbedeutsamkeit ist doch solch ein kleines
Studium, wenn es mir ein Recht gäbe, so „vornehm" über
das Christentum zu urteilen! Wenn ich nämlich bei flüch-
tiger Bekanntschaft so erbittert auf das Christentum würde,
daß ich es für Unwahrheit erklärte, so wäre das doch weit
verzeihlicher und weit menschlicher. Aber die „Vornehm-
heit", die in der Wendung „bis zu einem gewissen Grade"
liegt, scheint mir das wahre Verderben zu sein. Sie macht
jegliches rettende Eingreifen unmöglich, — und es könnte
doch immerhin der Fall sein, daß das Christentum die
Wahrheit ist.

47

## Lehrer im Existentiellen

Wer Lehrer im Existentiellen sein soll, muß selber immer
das Zeichen davon an sich tragen, daß er sich jenem aus-
gesetzt hat, was in der allgemeinen Ansicht die größte
Gefahr darstellt.

Als das Christliche mit den unmittelbaren Leidenschaften
stritt, als die Fleischeslust und alles, was dazu gehört, für
die Menschen die größte Gefahr war, weil es ihnen das
Höchste war, — da mußte der Lehrer durch Ehelosigkeit
und auf andere Weise zeigen, daß er der Lehrer war.

In der Zeit des Verstandes ist von allen Gefahren „Lächerlichkeit" die am meisten gefürchtete. Alles andere kann ein Mensch heutzutage leichter ertragen, aber lächerlich gemacht werden und täglicher Lächerlichkeit preisgegeben zu werden, — vor dieser Gefahr schaudern die Menschen mehr als vor dem martervollsten Tode zurück, und nur in einer Art von unsinniger oder dämonischer Beziehung zum Schrecken sagen sie von einem, der in solche Gefahr kommt: „das ist nichts", und gerade das gehört mit zur Marter.

Also das ist die Gefahr, und eben deswegen muß in unserer Zeit der Lehrer davon gezeichnet sein, daß er in dieser Gefahr versucht ist.

48

Tatchristentum

Wesentlich kann das Christentum nicht durch Rede verkündet werden, sondern durch *Handlung*.

Nichts ist gefährlicher, als daß all diese hohen Gefühle und erhabenen Beschlüsse usw. bloß rednerischen Schwung bekommen. Es wird dann ein Rausch, der äußerst gefährlich ist, und das Täuschende ist ja gerade das, daß das Ganze eine glühende Stimmung bleibt und das, wovon es heißt, es sei „so wahr in einem", — ach, ja, im Sinne einer Augenblicksstimmung.

Die Verkündigung durch *Handlung* ist nüchtern; sie schart nicht die Zuhörer um sich wie zu einer Berauschung; sie ist beinahe langweilig. Das Langweilige besteht darin, daß es sich sofort darum dreht, doch etwas davon zu *tun*, und daß man am Lehrer sieht, daß er *handelt*.

### 49

#### Lebensmeisterung

Es war einmal ein reicher Mann. Der ließ im Ausland für teures Geld ein Paar ganz fehlerfreie, ausgezeichnete Pferde kaufen, die er zu seinem eigenen Vergnügen haben wollte, und auch machte es ihm Freude, selber zu fahren. So gingen wohl ungefähr ein oder zwei Jahre dahin. Wenn einer, der diese Pferde früher gekannt hatte, sie jetzt hätte fahren sehen, würde er sie nicht wiedererkannt haben: das Auge war matt und schläfrig geworden, ihr Gang besaß keine Haltung und nichts Straffes mehr; nichts konnten sie aushalten und nichts ertragen; kaum konnte er mit ihnen eine Meile fahren, ohne unterwegs einzukehren; manchmal blieben sie gerade dann stehen, wenn er am besten saß und fuhr; außerdem hatten sie allerhand Launen und Unarten angenommen, und obwohl sie Futter natürlich sehr reichlich bekamen, magerten sie von Tag zu Tag mehr ab. Da ließ der reiche Mann den Kutscher des Königs rufen. Dieser fuhr sie einen Monat, und da gab es in der ganzen Gegend kein Paar Pferde, die den Kopf so stolz trugen, deren Blick so feurig und deren Haltung so schön war; kein Paar Pferde gab es, die, wenn es darauf ankam, sieben Meilen in einem Zuge mühelos laufen konnten, ohne einzukehren. Woran lag das? Das ist leicht zu sehen: der Eigentümer, der, ohne Kutscher zu sein, sich mit dem Kutschieren abgab, fuhr die Pferde so, wie die Pferde das Fahren verstanden; aber der königliche Kutscher fuhr sie so, wie der Kutscher das Fahren verstand.

So ist es auch mit uns Menschen. Jedesmal, wenn ich an mich selber und an die Unzähligen gedacht habe, die ich kennengelernt habe, habe ich mir mit Wehmut gesagt: Gaben, Kräfte und Voraussetzungen sind zur Genüge vorhanden, aber was fehlt, ist der Kutscher. Längere Zeit hindurch sind wir Menschen von Geschlecht zu Geschlecht sozusagen so gefahren worden, wie — um beim Bilde zu bleiben — die Pferde das Fahren verstehen; wir wurden gelenkt, wurden gebildet und erzogen nach dem menschlichen Begriff vom Menschsein. Siehe, daher kommt das, was uns fehlt —: Erhebung! Daraus folgt wiederum, daß wir so wenig aushalten können, voller Ungeduld sofort die Mittel des Augenblicks anwenden und voller Ungeduld augenblicklich den Lohn für unsere Arbeit sehen wollen, die deswegen auch dementsprechend ausfällt.

Einst war das anders. Das war zu jener Zeit, als es der Gottheit selber gefiel, gewissermaßen der Kutscher zu sein, und sie fuhr die Pferde so, wie der Kutscher das Fahren versteht. O, was vermochte der Mensch damals nicht alles!

50

## Christentum und Welt

Durch viele, viele Menschenalter hindurch ist man stets dabei geblieben, am Christentum zu mindern und zu mindern und es immer milder und immer zahmer zu machen, so daß es zuletzt nicht mehr Christentum ist. Was Wunder, daß man meint, zu guter Letzt müsse das Christentum mit der Welt zusammenfallen!

Aber: das Christentum kann in alle Ewigkeit nicht mit der Welt zusammenfallen. Sowenig im Einzelmenschen Fleisch und Blut (Naturbestimmung, Weltlichkeit und ähnliches) jemals ohne weiteres mit dem Christlichen eins wird, so daß das Individuum vielleicht mit Selbstverleugnung geboren wird (was hinwiederum aus jenem anderen Grunde Unsinn wäre, weil Selbstverleugnung etwas voraussetzt, wogegen sie streitet, nämlich Fleisch und Blut) —: ebensowenig fallen je das Christentum und die Welt zusammen.

Das ewige Schwätzen davon, das Christentum durchdringe mehr und mehr die Welt, ist ein Mißverständnis, eine Wortverdrehung; denn Wahrheit ist, daß die Welt am Christentum das Christliche immer mehr abnutzt und abnagt.

51

## Der Weg durch das Ärgernis

Das Christliche ist ... das Höchste und Allerhöchste. Aber man muß sehr gut im Auge behalten, daß es dem natürlichen Menschen zum Ärgernis ist. Wer bei Bestimmung des Christlichen als des Höchsten die Zwischenbestimmung des Ärgernisses ausläßt, versündigt sich am Christentum und begeht eine Vermessenheit, — weit abscheulicher, als wenn sich die ehrbare Hausmutter wie eine Tänzerin kleiden wollte, — noch schrecklicher, als wenn sich der strenge Richter Johannes wie ein Modejunker kleiden wollte.

Das Christliche ist in sich selber zu schwer und in seinen Bewegungen zu ernst, um sich in der Leichtfertigkeit solch leicht dahinfließender Rede vom Höheren, Höchsten und Allerhöchsten tanzend bewegen zu können. Der Weg zum Christlichen führt durch das Ärgernis hindurch. Damit ist jedoch nicht gesagt, daß der Zugang zum Christlichen darin bestehen soll, daß man sich an ihm ärgert und sich also selber daran hindert, das Christliche zu ergreifen —: nein, — aber am Eingang zum Christlichen steht das Ärgernis Wache.

Selig, wer sich am Christlichen nicht ärgert!

52

## Von Christusglauben und Christuswissen

Wir wollen uns einen Menschen denken. Er lebt mit seinen Zeitgenossen, wird jedoch nicht verstanden und nicht als das erkannt, was er ist, — er wird mißverstanden, verspottet, verfolgt und schließlich wie ein Verbrecher getötet. Aber die Folgen seines Lebens machen es offenbar, wer er war; die Geschichte, die diese Folgen aufbewahrt, läßt ihm Recht widerfahren. Nun nennt man ihn von Jahrhundert zu Jahrhundert den Großen und Edlen, und was ihm als Erniedrigung widerfuhr, ist so gut wie vergessen: daß seine Mitwelt ihn nicht als das erkannte, was er war, war von ihr eine Verblendung, und eine Gottlosigkeit war es, ihn zu verspotten, ihn zu verhöhnen und schließlich zu töten. Aber das soll vergessen sein; erst nach seinem Tode ist er eigentlich das geworden, was er war, — nämlich durch die Folgen seines Lebens, die ja doch weit wichtiger sind als sein Leben.

Sollte dasselbe nun auch bei Christus der Fall sein? Es war also eine Verblendung, eine Gottlosigkeit seiner Mitwelt, — aber das soll nun vergessen sein, die Geschichte hat ihn in sein Recht eingesetzt, und wir wissen nun aus der Geschichte, wer Jesus Christus war, und wir lassen ihm Recht widerfahren.

Wie gottlos und gedankenlos ist es doch, die heilige Geschichte zu einer alltäglichen Geschichte und Christus zu einem Menschen zu machen! Kann man denn aus der Geschichte überhaupt etwas über Jesus Christus erfahren? Auf keinen Fall! Jesus Christus ist der Gegenstand des *Glaubens,* — entweder muß man an ihn glauben oder man muß Ärgernis an ihm nehmen; denn von ihm „wissen", bedeutet ja geradezu, daß nicht er es ist, von dem man weiß. Daher kann die Geschichte gewiß reichliches Wissen vermitteln; aber das Wissen macht Jesus Christus zunichte.

Und weiter, — was für eine Gotteslästerung wäre es, wenn von Christi Erniedrigung einer zu behaupten wagte: „Laß nun das mit seiner Erniedrigung vergessen sein!" Christi Erniedrigung war doch wohl nicht etwas, was ihm widerfuhr (wenn es auch Sünde von seiner Mitwelt war, ihn zu kreuzigen), — es war nicht etwas, was ihm widerfuhr und ihm in einer besseren Umwelt vielleicht nicht geschehen wäre! Christus selber *wollte* der Erniedrigte und Geringe sein; die Erniedrigung, daß er nämlich der geringe Mensch war, obwohl er Gott war, — diese Erniedrigung ist also etwas, was er selber zusammengefügt hat, — etwas, was nach seinem eigenen Willen miteinander verknüpft sein soll: — ein dialektischer Knoten, den zu lösen keiner sich erkühnen soll und den auch keiner lösen kann, bis er selber ihn löst, wenn er in Herrlichkeit wiedergekommen ist. Mit Christus verhält es sich nicht wie mit einem Menschen, der infolge der Ungerechtigkeit seiner Mitwelt nicht er selber sein oder für das gelten durfte, was er eigentlich war, wohingegen das erst die Geschichte offenbar machte; denn Christus selber *wollte* der Erniedrigte sein, und gerade als solcher *wollte* er gelten.

Siehe: deswegen soll sich die Geschichte keine unnütze Mühe geben, ihm Recht widerfahren zu lassen, und wir sollen uns nicht in gottloser Gedankenlosigkeit kühnlich einbilden, wir wüßten ohne weiteres, wer er eigentlich war; denn das weiß keiner, und wer es glaubt, muß mit ihm in seiner Erniedrigung gleichzeitig werden. Wenn Gott sich seine niedrige Geburt auswählte, — wenn er, in dessen Macht doch alle Möglichkeiten standen, die geringe Knechtsgestalt annahm, — wenn er wehrlos umherwandelt und die Menschen mit ihm nach ihrem Belieben tun ließ, so weiß er selber doch wohl zur Genüge, was er tut und warum er es so und nicht anders will; gleichwohl ist doch er es, der die Menschen in seiner Macht hat, und nicht etwa haben die Menschen ihn in ihrer Gewalt, — und daher soll die Geschichte nicht naseweise sein und offenbar machen wollen, wer er war.

## 53

## Das Paradox

Daß das Christentum paradox ist, kann man schon aus dem einen Umstand ersehen, daß es auf die Frage: „Was ist die Bestimmung, die Aufgabe des Lebens?" antwortet: sterben, absterben. Also: diese Welt der Lebenden schuf Gott, er setzte den Menschen hinein und pflanzte in den Menschen diese ungeheure Lebenslust, — und dann ist es die Bedeutung und Aufgabe des Lebens, zu sterben, abzusterben!

Wie paradox! Und wieder: — wie paradox und wie folgerichtig! Sterben und Absterben ist nämlich das Zeichen davon, daß man sich auf ein ewiges Leben bezieht. Daß sich also im Menschen Ewigkeitsleben rührt, zeigt sich nicht an gesteigerter Lebenslust, sondern negativ, paradox daran, daß er abgestorben, daß er ein Abgestorbener ist.

So sagte das Christentum. Aber hier ist ein Punkt, auf den ich beständig zurückkomme: gesetzt den Fall, es würde mir selber vergönnt, abzusterben — denn wie weit bin ich noch zurück! —, gesetzt den Fall, dies würde mir also vergönnt: dies anderen zu verkünden, dünkt mir sehr schwer! Wie soll ich sie dazu bringen, daß sie darauf eingehen? Und anderseits —: ist an diese Bedingung die ewige Seligkeit geknüpft, so ist es fürchterlich, wenn man einen Menschen liebt wie sich selber und doch keinen Ausweg sieht, wie man ihn dazu bringen soll, daß er hierauf eingeht.

Ach, wir sind von Jugend auf im Christentum erzogen; wir alle leben doch in der gemilderten, leichtsinnigeren und menschlich so wohltuenden Vorstellung, daß wir alle wohl selig werden. Das Neue Testament atmet in diesem Gegensatz: auf der einen Seite steht eine kleine Herde, die ewig selig wird, und auf der anderen Seite steht der Rest. O, mein Gott! Sterbensangst kann mir werden, wenn ich daran denke, daß ich selig werde; aber fast ebenso angst, ja, genauso angst kann mir werden, wenn ich daran denke, daß ein anderer Mensch nicht selig wird, — ein anderer Mensch, den man ebenso liebt wie sich selber und für den man alles tun wollte...!

Ach, von Kind auf sind wir im Christentum erzogen, wir ahnen nicht die großen christlichen Zusammenstöße, wir wissen nichts von Haß auf Vater und Mutter usw. Ist es nämlich nicht wie Haß, wenn man selber im Glauben lebt, vermöge dessen man selig zu werden glaubt, und die anderen nicht dazu bewegen kann, daß sie sich hierzu bereit finden, und nun vermöge desselben Glaubens glauben muß, sie würden ewig verlorengehen, — ist das nicht wie Haß, wenn man von seinem Glauben nicht abläßt und sich nicht dazu entschließt, den Geliebten zu folgen?

Aber solche Zusammenstöße ahnt man in der „Christenheit" nicht; denn wir alle sind ja Christen und werden ja ausnahmslos selig!

### 54

### Religiosität und Anfechtung

Die meisten Menschen leben wesentlich wohl ohne Religiosität, oder bestenfalls haben sie Religiosität in gleichem Sinne, wie sie zuweilen ins Theater gehen, — und so etwas ist überhaupt keine Frömmigkeit. Im Verhältnis zu solchen Leuten kann von Anfechtung keine Rede sein.

Dann gibt es ein paar einzelne, die gleichwohl etwas Religiosität besitzen und täglich in religiösen Vorstellungen leben. Diese leben folgendermaßen: Gott ist für sie der Beistand, auf den sie sich stützen, damit ihnen alles glückt, wenn sie nur selber aufpassen, klug sind, sich vor allen Gefahren schonen usw. Auch hier kann von Anfechtung keine Rede sein.

Dann kommt die eigentlich christliche Religiosität. Ob solch ein religiöser Mensch zu finden ist, weiß ich nicht: ich habe jedenfalls keinen einzigen erlebt. Diese Religiosität folgt dem Neuen Testament, wonach nämlich der nahe Anschluß an Gott zu Leiden in dieser Welt führt und wonach Religiosität in dem Willen besteht, für die Wahrheit zu zeugen, zu leiden und Opfer zu bringen, — das alles natürlich, ohne daß man sich einbildet, dies sei etwas Verdienstliches. Aber wenn sie sich solchermaßen hinauswagen,

läßt sich ihr Gottesverhältnis an bestimmten Kennzeichen
erkennen, — am Widerstand der Welt, an Verfolgung und
Leiden. Das ist Geist, und das Zeugnis des Geistes hält
sie aufrecht. Aber in jedem matten Augenblick sinken sie
von dieser Höhe herab, und dann verwandelt es sich für sie:
der Widerstand der Welt ist ihnen nun vielleicht ein Beweis
dafür, daß sie unrecht haben und daß es anmaßend ist,
sich so weit hinauszuwagen. So sind sie also nahe daran,
das, was ihre redlichste Begeisterung war, als Schuld zu be-
dauern und zu bereuen. Siehe, das ist Anfechtung.

Anders der natürliche Mensch; er bewegt sich in dieser
Richtung: für ihn besteht das Kennzeichen seines Gottesverhältnisses darin, daß es ihm gut geht. Aber Geist erfährt
das Gottesverhältnis am Widerstand, am Leiden, am Mut
und Glauben gegenüber einer so unendlichen Polemik, wie
wenn Luther ganz richtig beweist, daß er ihre wahre Kirche ist, daß sie eine verachtete kleine Herde sind und daß
die wahre Kirche immer am Leiden kenntlich ist; die anderen werden die siegreiche falsche Kirche, die, statt zu leiden,
die wahre Kirche verfolgt. Aber in jenem matten Augenblick sinkt der Geistige auf die Stufe des natürlichen Menschen herab, und dann kommt die Anfechtung.

Wer aus Selbstsucht nur gute Tage und Gott als Hilfe
beim Nutzen haben will, kann niemals Anfechtung bekommen; denn wenn es ihm gut geht, will er so verzaubert
sein, daß er von seinem wahren Zustand nichts merkt. Aber
wenn es ihm nicht gut geht, hilft ihm dies vielleicht dazu,
auf seinen wahren Zustand aufmerksam zu werden, und
dann bereut er seine frühere Einstellung. Das ist keine Anfechtung; denn etwas *Schlechtes* zu bereuen, hat ja einen
sehr guten Sinn. Die Anfechtung liegt darin, daß es einem
so vorkommt, als müsse man sein *Bestes* bereuen. Darüber
könnte man den Verstand verlieren. Gott sitzt nämlich
gleichsam in seinem Wort und lockt einen Menschen heraus
oder befiehlt ihm, sich hinauszuwagen, und wenn er dann
den Menschen losläßt, kehrt sich für ihn alles um.

## 55

### Christentum und Nationalität

Auch das war offenbar ein Gesichtspunkt in Christi Tode, daß er die Nationalität leugnete und nichts mit ihr zu tun haben wollte. Aber jetzt werden die echten Nationalen von den Orthodoxen dargestellt: nun stellt man Theorien von christlichen Staaten und christlichen Völkern auf. Sollte ein Volk behaupten, es habe einen Anspruch darauf, sich als solches zum Christen zu stellen, so wäre dies doch wohl Gottes auserwähltes Volk, — und gerade dieses ging unter und ist ein ewiges Memento geblieben, daß das Christentum in keinerlei Beziehung zur Nationalität steht.

## 56

### Das Christentum und das Gute

Der Begriff, in dem sich das Christentum vielleicht auf das Entschiedenste vom Altertum unterscheidet, ist der Begriff des Guten. Das Griechentum konnte sich das Gute nicht ohne das Schöne denken (Richtung nach außen). Aber im Christentum ist der wesentliche Ausdruck des Guten das Leiden: also Richtung nach innen; denn das Leiden besteht ja gerade darin, daß die Richtung nach außen verneint wird, — die Sünde der Welt.

## 57

### Aufruhr gegen das Christentum

Man will uns vorreden, die Einwände gegen das Christentum kämen vom Zweifel. Das ist durchaus ein Mißverständ-

nis. Die Einwände gegen das Christentum rühren von Un-
fügsamkeit her, von einer Unlust zu gehorchen und von einer Auflehnung gegen jegliche Autorität. Deswegen hat man
bisher gegen die Einwände in der Luft gefochten, weil man
intellektuell mit dem Zweifel gekämpft hat, wo man doch
ethisch mit dem Aufruhr kämpfen muß.

58

Wider den asketischen Fanatismus

Da Gott selber diese Welt erschaffen hat und erhält, soll
man sich vor dem asketischen Fanatismus wohl hüten, der
sie ohne weiteres haßt und zunichte macht.

Nein, — in christlich mildester Auffassung könnte ich
das Verhältnis folgendermaßen darstellen: diese Welt ist
wie Spiel und Spielzeug für das Kind; der Vater kann das
Spiel sogar schön finden und kindlichen Herzens darauf
eingehen; aber gleichwohl fordert er, daß sich das Kind es
langsam abgewöhnen soll.

So steht es auch mit der Erziehung für das Reich Gottes
und für das Christentum. Gott ist kein ungeduldiger und
grausamer Mann, der dem Menschen schaden will, indem er
ihn überrascht, — nein, Gott ist der Gott der Geduld.

Dennoch will Gott den Menschen verstehen lehren, er
müsse mit diesem Irdischen ein für allemal so sehr brechen,
daß ernstlich der Geist zum Vorschein kommt, und so will
er ferner, daß man es sich langsam abgewöhnen soll.

Aber kein fleischlicher Fanatismus soll es sein, — ach,
gerade dort gibt es einen Fanatismus, der fleischlich ist.

Du sollst von Gott glauben, daß er väterliche Gesinnung genug besitzt, um sich kindlich mit dir freuen zu wollen, wenn
du in deiner menschlichen Vorstellung froh bist. Aber du sollst
dich daran erinnern, daß du streben, streben sollst, auf daß
der Sinn aus dem Irdischen heraus umgewandelt werden kann.

## 59

### Zunehmen ist Abnehmen

Wachsen im geistlichen Sinne bedeutet nicht, größer werden, sondern kleiner werden. Das Kind ist der ganz unmittelbar bestimmte Ichmensch, und seiner eigenen Person ist es ganz anders sicher als der Ältere, der sich bloß ein wenig mit dem Unendlichen eingelassen hat. In geistlicher Auffassung besteht alle Entwicklung nicht darin, daß mir hinzugegeben, sondern daß mir genommen wird, — all das Vermeintliche usw., das ich besitze und das in der Unmittelbarkeit meine Stärke war. Hier erkennt man, wie dumm das Geschrei mit dem Positiven ist. Deswegen ist es ja auch der höchste religiöse Akt, wenn man vor Gott zu einem Nichts wird. Das Unglück der meisten Menschen besteht ja nicht darin, daß sie zu schwach sind, sondern darin, daß sie zu stark sind, — nämlich zu stark, um Gott zu merken.

## 60

### Der Ruf von oben, der Ruf von unten

Jeder Gottesruf ergeht an einen, an den einzelnen; gerade darin liegt wieder die Anstrengung und Prüfung, daß der Gerufene allein stehen und allein seinen Weg gehen soll, — allein mit Gott.

Alles, was in großer Zahl auftritt, ist nicht von oben; meint es, irgendeinen Ruf vernommen zu haben, so kann man sicher sein, daß der Ruf von unten kam. Ein paar sein wollen, ist nämlich Schelmerei, die der Anstrengung entgehen will, — der Geistesanstrengung, ein Geist zu sein, — sie will mit Hilfe der Zahl sinnlich wirken.

## 61

### Das Evangelium wird den Armen gepredigt

Es ist keine geschichtliche Bemerkung Christi, wenn er sagt: „Ich predige Evangelium für die Armen", — nein (und sogar die Wortstellung hebt es hervor), „Evangelium" wird den Armen gepredigt, die Betonung liegt auf „Evangelium", das Evangelium für die Armen ist.

Unter „Armen" hat man hier nicht bloß Armut zu verstehen, sondern alle Leidenden, Unglücklichen und Elenden, alle Benachteiligten, alle Krüppel und Lahmen, die Aussätzigen und die vom Teufel Besessenen.

Für sie wird Evangelium gepredigt, das heißt: Evangelium ist für sie.

Evangelium ist für sie die frohe Botschaft.

Welche frohe Botschaft? Nicht etwa die Botschaft: „Hier gibt es Geld, hier ist Gesundheit zu haben, hier bekommt man ehrenvolle Genugtuung usw.", — nein, nein —: dann wird es nicht Christentum.

Nein, — das Evangelium ist für Arme die frohe Botschaft, daß es ein Kennzeichen des Gottesverhältnisses ist, daß man in dieser Welt unglücklich ist, — daß einen also das menschliche Mitleid verläßt und weltliche Lebenslust sogar das Unglück grausam in Schuld verwandeln will; die Mitwelt trennt sich von ihnen noch grausamer dadurch, daß sie ihnen die Schuld für diese Armut zuschreibt, und gerade das ist für die Armen das Evangelium.

## 62

### Von der Vergebung der Sünden

Ein Mensch ruht in der Vergebung der Sünden, wenn ihn der Gedanke an Gott nicht an die *Sünde* erinnert, sondern daran, daß ihm die Sünde *vergeben* ist, so daß also das Vergangene nicht eine Erinnerung daran ist, wieviel er gesündigt hat, sondern daran, wieviel ihm vergeben wurde.

## 63

## Christentum und Reflexion

Beständig hat man gemeint, die Reflexion müsse das Christentum zunichte machen und sei sein natürlicher Feind. Ich hoffe nun doch, daß es sich mit Gottes Hilfe zeigen soll, daß die gottesfürchtige Reflexion Knoten wieder knüpfen kann, an denen eine oberflächliche Reflexion so lange Zeit herumgezupft hat. Die göttliche Autorität der Bibel und alles, was dazu gehört, hat man abzuschaffen vermocht, und es sieht so aus, als warte man bloß auf die letzte Abteilung der Reflexion, um das Ganze fertig zu bekommen. Doch siehe da —: die Reflexion leistet nun umgekehrte Dienste, indem sie dem Christlichen wieder Springfedern verleiht und zwar so, daß es sich halten kann — wider die Reflexion! Das Christentum bleibt natürlich unverändert dasselbe, — nicht ein einziges Jota wird geändert. Aber was anders wird, ist der Kampf: bisher bestand er zwischen der Reflexion und dem unmittelbar einfältigen Christentum; aber jetzt wird es ein Kampf zwischen der Reflexion und der in der Reflexion bewaffneten Einfalt.

Darin, meine ich, ist Sinn. Die Aufgabe ist nicht, das Christentum zu begreifen, sondern vielmehr zu begreifen, daß man es nicht begreifen kann. Das ist die heilige Sache des Glaubens, und die Reflexion ist durch solche Anwendung geheiligt.

O, je mehr ich daran denke, was mir doch vergönnt ist, desto mehr drängt es mich nach einer Ewigkeit, um Gott zu danken!

## 64

### Von falscher Ungeduld

Zuweilen wird man ungeduldig, wenn es einem nicht besser glückt, das Gute zu wollen. Aber diese Ungeduld ist doch kein Kummer über seine Sünde, sondern eine Gewalttat gegen Gott und ein Mangel an Aufrichtigkeit, und zu aller Besserung gehört vor allen Dingen ein demütiges Sicherinnern an seine Schwachheit.

Wird man ungeduldig und will man sich dazu nicht bekennen, so hat man verloren. Da beklagt man sich und meint, es sei ungerecht, daran erinnert zu werden, statt daß man nun demütig danken will, weil man jetzt gebessert ist.

## 65

### Das bloß Humane

Es ist unglaublich, wie unverschämt man sich heutzutage auf das bloß Humane im *Gegensatz* zum Christentum beruft.

Aber was nennen wir denn „human"? Es ist dies ein verflüchtigtes Christentum, ein Kulturbewußtsein, ein Bodensatz des Christentums. Also verdankt man es dem Christentum, — und nun macht man es geltend im *Gegensatz* zum Christentum!

Man müßte den Humanisten sagen: „Schafft doch das bloß Humane herbei! Denn das Humane, wie wir es jetzt haben, ist eigentlich das Humane des Christentums, obwohl dies es nicht haben will. Aber ihr könnt es nicht rechtens als euer Eigentum im Gegensatz zum Christentum betrachten."

66

## Vom Quellgrund der Liebe

Woher kommt die Liebe? Wo entspringt sie und wo liegt ihr Quellgebiet? Wo ist die Stätte, da sie weilt und von wo sie ihren Ausgang nimmt?

Ja, diese Stätte ist verborgen oder im Verborgenen. Es ist eine Stätte im Innersten des Menschen. Von dieser Stätte geht das Leben der Liebe aus; denn „vom Herzen geht das Leben aus". Diese Stätte kannst du nicht sehen. Wie weit du auch eindringen magst —: der Ursprung entzieht sich dir in Ferne und Verborgenheit; selbst wenn du so weit, wie es dir möglich ist, eindringst, ist der Ursprung beständig gleichsam ein Stück tiefer drinnen, — genau wie der Ursprung eines Quells, der, wenn du ihm am nächsten bist, immer noch ein Stück weiter fort liegt. Von dieser Stätte geht die Liebe aus, und sie geht über mannigfaltige Wege; aber auf keinem dieser Wege kannst du in ihr verborgenes Werden eindringen.

Wie Gott in einem Licht wohnt, von dem jeglicher Strahl ausgeht, mit dem die Welt erhellt wird, und wie dennoch auf diesen Lichtwegen keiner eindringen kann, um Gott zu sehen (denn die Wege des Lichtes verwandeln sich in Finsternis, wenn man sich dem Lichte zuwendet) —: ebenso wohnt die Liebe im Verborgenen oder ist im Innersten verborgen. Wie das Hervorsprudeln des Quells mit dem bezaubernden Geplauder seines Rieselns den Menschen lockt und geradezu bittet, den Weg einzuhalten und nicht neugierig einzudringen, um seinen Ursprung zu finden und sein Ge-

heimnis offenbar zu machen, — wie der Strahl der Sonne
den Menschen einlädt, durch ihn die Herrlichkeit der Welt
zu betrachten, aber warnend den Vermessenen mit Blindheit
schlägt, wenn er sich umwenden und neugierig und keck den
Ursprung des Lichtes entdecken will, — wie sich der Glaube
freundlich dem Menschen als Begleiter auf dem Lebenswege
anbietet, aber den Kecken versteinert, der sich umwendet
und vorwitzig begreifen will —: ebenso ist es der Wunsch
und die Bitte der Liebe, ihren verborgenen Ursprung und
ihr verborgenes Leben im Innersten ein Geheimnis bleiben
zu lassen und nicht aus Neugierde keck und störend einzudringen, um zu sehen, was man doch nicht sehen und dessen
Freude und Segen man sich durch Neugierde verscherzen
kann.

Von allen Leiden ist immer das das schmerzlichste, bei
dem sich der Arzt genötigt sieht, zerschneidend in die edle-
ren und gerade deswegen verborgenen Teile des Körpers
einzudringen; so ist es auch das schmerzvollste Leiden und
zugleich das Verderblichste, wenn einer, statt sich der Liebe
in ihren Offenbarungen zu erfreuen, sich ein Vergnügen
daraus macht, sie zu ergründen, — das heißt: sie zu zerstören.

Das verborgene Leben der Liebe ist im Innersten, ist un-
ergründlich und steht in unergründlichem Zusammenhange
mit dem ganzen Dasein. Wie der stille See tief im verborgenen, von keinem Auge geschauten Quellbereich seinen
Grund hat, so hat die Liebe des Menschen einen noch tieferen Grund: sie gründet in Gottes Liebe. Wäre in der Tiefe
kein Quell und wäre Gott nicht die Liebe, so gäbe es weder
den kleinen See noch auch die Liebe des Menschen. Wie der
stille See im tiefen Quellboden seinen Grund hat, so gründet
die Liebe des Menschen rätselvoll in Gottes Liebe. Wie der
stille See dich zum Betrachten einlädt, aber durch das Spiegelbild des Dunkels dir das Hindurchblicken verwehrt, so
versagt es dir der rätselvolle Ursprung der Liebe in Gottes
Liebe, seinen Grund zu sehen. Wenn du ihn zu sehen ver-

meinst, trügt dich ein Spiegelbild, als wäre es der Grund,
und doch verdeckt es den tieferen Grund.

## 67

### Christliche Selbstliebe

Wenn es heißt: „Du sollst deinen Nächsten lieben wie dich
selbst", so ist darin die Voraussetzung enthalten, daß jeder
Mensch sich selber liebt. Dies setzt das Christentum also voraus und beginnt demnach nicht wie jene hochfliegenden Denker ohne Voraussetzung und auch nicht mit einer schmeichel-
haften Voraussetzung. Dürften wir wohl bestreiten, daß es
so ist, wie es das Christentum voraussetzt? Sollte jedoch
andererseits einer das Christentum mißverstehen können,
als wäre es dessen Ansicht, zu lehren, jeder sei sich selbst der
Nächste (wie es weltliche Klugheit einstimmig und ach, doch
gerade so streitsüchtig lehrt), — sollte einer das so mißverstehen können, als wäre es die Absicht des Christentums, die
Selbstliebe zu segnen und beizubehalten? Im Gegenteil!: das
Christentum will uns Menschen die Selbstliebe entreißen!
Diese liegt nämlich darin, daß man sich selber liebt; aber
wenn man den Nächsten wie sich selbst lieben soll, so dreht
ja dieses Gebot gleichsam mit einem Dietrich das Schloß der
Selbstliebe auf und entreißt sie dem Mensch. Wäre das Gebot
der Nächstenliebe anders ausgedrückt als durch jenes Wört-
chen „wie dich selbst", das so leicht zu handhaben ist und dennoch die Spannkraft der Ewigkeit besitzt, so könnte das Gebot
die Selbstliebe nicht so meistern. Dieses „wie dich selbst" ist ziel-
sicher und dringt mit der Schärfe der Ewigkeit richtend in den
innersten Schlupfwinkel ein, wo ein Mensch sich selber liebt;
es läßt der Selbstliebe nicht die geringste Entschuldigung üb-
rig und nicht die mindeste Ausflucht offen. Wie wunderbar!
   Lange und scharfsinnige Reden könnte man ja darüber
halten, wie ein Mensch seinen Nächsten lieben soll, und

wenn die Reden angehört wären, würde die Selbstliebe doch auf Entschuldigungen kommen und Ausflüchte finden können, weil die Sache nicht ganz erschöpft war, weil nicht alle Fälle aufgezählt waren, weil ständig etwas vergessen war oder weil etwas nicht genau und bindend genug ausgedrückt und beschrieben war. Aber dieses „wie dich selbst", — ja, kein Ringkämpfer kann seinen Gegner so unentrinnbar umschließen, wie dieses Gebot die Selbstliebe umschließt. Wenn die Selbstliebe mit diesem Wort streitet, das doch so leicht zu verstehen ist und um das sich keiner den Kopf zerbrechen soll, dann wird sie merken, daß sie es mit einem stärkeren Gegner zu tun hat. Wie Jakob nach seinem Ringen mit Gott lahm war, so soll auch die Selbstliebe zerbrochen sein, wenn sie mit diesem Wort streitet, das den Menschen nicht etwa lehren will, sich selbst *nicht* zu lieben, vielmehr ihn die rechte Selbstliebe erst lehren will. Wie wunderbar!

Welcher Streit ist so langwierig, so schrecklich und so verwickelt wie der Verteidigungskampf der Selbstliebe! Dennoch macht das Christentum alles mit einem einzigen Schlage ab. Das Ganze geht rasch wie im Handumdrehen; alles ist in einer Hast, in einem Augenblick entschieden wie die ewige Entscheidung der Auferstehung (1. Kor. 15, 52): das Christentum setzt voraus, daß der Mensch sich selber liebt, und fügt lediglich das Wort vom Nächsten „wie dich selbst" hinzu. Trotzdem liegt zwischen dem ersten und dem letzten die Veränderung einer Ewigkeit.

68

### Furcht und Zittern

Furcht und Zittern ist nicht die erste antreibende Kraft im christlichen Sinne; denn dies ist die Liebe. Furcht und Zittern ist das, was die Unruhe in der Uhr ist, — Furcht und Zittern ist die Unruhe des christlichen Lebens.

### 69

### Glaube und Liebe

Das einzig Gewisse ist das Ethisch-Religiöse. Dies sagt: glaube, — du sollst glauben. Und wollte mich einer fragen, ob ich denn mit Hilfe dieses Glaubens stets auf Rosen getanzt hätte, so würde ich antworten: nein, aber trotzdem glaube ich, trotzdem ist es die unbeschreiblich selige Gewißheit, daß alles gut ist und daß Gott die Liebe ist. Entweder ist es meine Schuld, daß alles einen tollen Weg nimmt, und dann ist Gott trotzdem die Liebe; oder es wird noch gut werden und wird sich zeigen, daß das Böse seine Bedeutung gehabt hat, — aber auch dann ist ja Gott die Liebe.

### 70

### Höchste Vollkommenheit der Nächstenliebe

Die Liebe zum Nächsten besitzt alle Vollkommenheiten der Ewigkeit. Ist bei der Liebe etwa auch das eine Vollkommenheit, daß ihr Gegenstand das Vorzügliche, das Ausgezeichnete und Einzige ist? Das ist, sollte ich meinen, eine Vollkommenheit an dem *Gegenstand,* und die Vollkommenheit dieses Gegenstandes ist wie ein spitzfindiger Verdacht gegen die Vollkommenheit der Liebe. Ist es eine vorzügliche Eigenschaft deiner Liebe, wenn sie nur das Außerordentliche und Seltene lieben kann? Ich sollte meinen, es sei ein Vorzug an dem Außerordentlichen und Seltenen, wenn es das Außerordentliche und Seltene ist, aber doch kein Vorzug an deiner Liebe. Bist nicht auch du derselben Meinung? Hast du denn nie über Gottes Liebe nachgedacht?

Wäre es der Vorzug der Liebe, das Außerordentliche zu lieben, so wäre Gott, wenn ich so sagen darf, in Verlegenheit; denn für ihn ist das Außerordentliche überhaupt nicht

da. Der Vorzug, daß man also *nur* das Außerordentliche
lieben kann, ist demnach eher eine Anklage, — nicht gegen
das Außerordentliche, auch nicht gegen die Liebe an sich,
sondern gegen diejenige Liebe, die *nur* das Außerordentliche
lieben kann. Oder ist es etwa ein Vorzug an dem wohlig-
trauten Befinden eines Menschen, daß er sich *nur* an einer
einzigen Stelle in der Welt wohlfühlen kann, wo er von
allen Annehmlichkeiten umgeben ist? Wenn du so einen
Menschen siehst, der sich auf diese Weise in seinem Leben
eingerichtet hat, — was preist du denn dann? Doch wohl
die Bequemlichkeit der Einrichtung. Hast du denn nicht gemerkt, daß in Wirklichkeit jedes Wort deiner Lobrede über
diese Herrlichkeit eigentlich wie ein Spott über den Armen
lautet, der *nur* in dieser herrlichen Umgebung leben kann?

Also: der Gegenstand der Vollkommenheit ist nicht die
Vollkommenheit der Liebe. Gerade weil der Nächste keine
jener Vollkommenheiten besitzt, die der Geliebte, der Freund,
der Bewunderte, der Gebildete, der Seltene und der Außerordentliche in so hohem Grade besitzen, — gerade deswegen
besitzt die Liebe zum Nächsten alle jene Vollkommenheiten,
die die Liebe zu dem Geliebten, zum Freund, zum Gebildeten, zum Bewunderten, zum Seltenen und zum Außerordentlichen aufweist. Laß die Welt, soviel sie will, darum streiten,
welcher Gegenstand der Liebe der vollkommenste ist
: nie kann es einen Streit über die Tatsache geben, daß die
Liebe zum Nächsten die vollkommenste Liebe ist. Daher
besitzt alle andere Liebe auch die Unvollkommenheit, daß
dabei nach zweierlei gefragt wird und insofern auch Zwei-
deutigkeit herrscht: erstens fragt man nach dem Gegenstand
und zweitens nach der Liebe. Oder die Frage richtet sich
auf beides zugleich, auf den Gegenstand und auch auf die
Liebe. Aber bei der Liebe zum Nächsten kommt nur eines
in Betracht, — die Liebe, und hier hat die Ewigkeit nur eine
einzige Antwort: dies ist die Liebe; denn diese Liebe zum
Nächsten verhält sich nicht wie die eine Art Liebe zu den
anderen Arten Liebe. Natürliche Liebe und Freundschaft

werden durch den Gegenstand bestimmt, nur die Liebe zum
Nächsten wird durch die Liebe bestimmt. Da nämlich jeder
Mensch — unbedingt jeder Mensch — der Nächste ist, so
sind ja von dem Gegenstand alle Besonderheiten fortgenom-
men, und so ist diese Liebe gerade daran kenntlich, daß ihrem
Gegenstand die nähere Bestimmung jeglicher Besonderheit
fehlt, — das will heißen: die Nächstenliebe ist nur an der
Liebe kenntlich. Ist nicht das die höchste Vollkommenheit?

## 71

### Christus als Erlöser und Richter

Gerade das ist das Tiefe im Christentum, daß Christus zugleich unser Erlöser und unser Richter ist. Nicht ist einer
unser Erlöser und ein anderer unser Richter, wodurch wir ja
doch ins Gericht kämen; nein, — Erlöser und Richter sind
eine und dieselbe Person.

## 72

### Gottesfurcht und Gottesliebe

Zum rechten Lieben Gottes gehört, daß man Gott gefürch-
tet hat.

## 73

### Strenge und Liebe bei Gott

Ist nicht auch das ein kühner Handstreich, daß Gottes mäch-
tige Hand, die er auf den Menschen legt, um ihn zu demütigen, zugleich die segnende Hand ist?

74

## Von Gottes Milde und Strenge

Das Christentum wendet die Aufmerksamkeit ganz von dem Äußeren ab, es kehrt sie nach innen und macht jedes Verhältnis zu anderen Menschen zu einem Gottesverhältnis: so sollst du im einen und anderen Sinne Gleich um Gleich erhalten. Christlich verstanden bekommt ein Mensch zu guter Letzt und wesentlich in allem nur mit Gott zu tun, obwohl er doch in der Welt und in den Verhältnissen des Erdenlebens verbleiben soll, wie sie ihm nun einmal angewiesen sind. Aber in allem mit Gott zu tun zu bekommen, so daß man also niemals unterwegs, auf halbem Wege, durch die untere Instanz oder durch das menschliche Urteil aufgehalten wird, als ob dies das Entscheidende wäre, — also in allem mit Gott zu tun zu bekommen, ist der höchste Trost und zugleich die größte Anstrengung, die größte Milde und gleichzeitig auch die größte Strenge.

Das ist die Erziehung des Menschen; denn das Gottesverhältnis ist eine Erziehung, und Gott ist der Erzieher. Aber die wahre Erziehung muß ebenso streng wie milde sein und umgekehrt. Wenn nun ein menschlicher Erzieher gleichzeitig viele Kinder zu erziehen hat, — wie verhält er sich dann? Zu dem vielen Reden, Zurechtweisen und Phrasendrechseln hat er natürlich keine Zeit, und wenn auch Zeit dazu vorhanden wäre, so würde durch das viele Reden die Erziehung natürlich schlecht. Nein, — der tüchtige Erzieher erzieht am liebsten durch die Augen. Er nimmt dem einzelnen Kinde die Augen fort, das heißt: er zwingt das Kind, in allen Dingen auf ihn zu blicken. Genauso macht es Gott: mit den Augen lenkt er die ganze Welt und erzieht er die unzähligen Menschen. Denn was ist das Gewissen anders? Im Gewissen sieht Gott auf den Menschen, so daß dieser nun in allem auf Gott sehen muß. Auf solche Weise erzieht Gott. Aber das Kind, das erzogen wird, bildet sich leicht ein, das

Verhältnis zu den Klassenkameraden und zu der kleinen Welt, die sie bilden, mache die Wirklichkeit aus, wohingegen der Erzieher es mit seinem Blick belehrt, daß all das für die Erziehung des Kindes nur ein *Mittel* ist. So bildet sich auch der Ältere leicht ein, die Wirklichkeit sei das, was er mit der Welt zu schaffen habe; aber Gott erzieht ihn zu dem Verständnis, daß das alles zur Erziehung lediglich *benutzt* wird.

So ist also Gott der wahre Erzieher. Seine Liebe ist die größte Milde und die größte Strenge. So ist es also ganz genau wie in der Natur, wo Schwere zugleich Leichtigkeit ist. Der Himmelskörper schwebt leicht im Unendlichen —: wodurch? durch die Schwere; aber kommt er aus seiner Bahn heraus, wird er allzu leicht, so wird die Leichtigkeit die Schwere, und durch die Leichtigkeit fällt er schwer. So ist Gottes Strenge in dem Liebenden und Demütigen Milde, aber in einem Hartherzigen ist seine Milde — Strenge! Die Milde, die darin zum Ausdruck kommt, daß Gott die Welt hat erlösen wollen, wird für den, der die Erlösung nicht annehmen will, zur höchsten Strenge, — zu einer noch größeren Strenge, als wenn Gott die Welt nie hätte erlösen, sondern nur richten wollen. Siehe, das ist die Einheit von Strenge und Milde. Daß du in allem im Verhältnis zu Gott stehst, ist die größte Milde und zugleich die größte Strenge.

75

## Christi vermeintliche Grausamkeit

Allerdings darf man nicht vergessen, daß Christus doch auch in zeitlicher und irdischer Not half. Man kann Christus — auch unwahr — so geistig machen, daß er lauter Grausamkeit wird. Überhaupt ist „Geist", absoluter Geist, die größte Grausamkeit für einen armen Menschen.

Christus half also auch irdisch Leidenden, er heilte Kranke, Aussätzige und Besessene, er gab dem Volk zu essen, er verwandelte Wasser in Wein, er beruhigte das Meer usw. usw. .... aber, sagt der Pfarrer, auf solche Hilfe dürfen wir nicht warten. So fällt es also wieder fort, und Christus wird beinahe grausamer gegen uns als gegen seine Zeitgenossen.

Hierauf müssen wir antworten: Nein! Beachte gefälligst, daß die Anstrengung gegenüber dem Christwerden und Christsein im Verhältnis zur Gleichzeitigkeit mit einem Christen im strengsten Sinne steht, so daß also die Gleichzeitigkeit mit einem Apostel so anstrengend ist, wie dies keiner von uns erleben kann. Und nun die Gleichzeitigkeit mit Christus selber. Das Wunder, die Wunder des Mitleids in Richtung auf irdische Not und irdisches Leiden sind hier doch etwas lindernd und die ganz unentbehrliche Linderung, — sonst wäre es unmöglich gewesen, mit Christus zu leben. Wenn Christus dies — nämlich ein absoluter Geist und nichts anderes zu sein — nur einen einzigen Tag ausgedrückt hätte, wäre das Menschengeschlecht gesprengt.

Aber wir, die wir 1800 Jahre danach leben, begnügen uns damit, den Schrecken mit Hilfe der Phantasie aufzufassen, und auf der anderen Seite sind wir nur allzusehr geneigt, alles in menschliches Mitleid zu übertragen. Siehe, deswegen wird unsere Lage doch weit milder als zur Zeit von Christi Zeitgenossen; denn sie hatten Wunder, an die sie sich halten konnten.

## 76

### Das Christentum als Zuchtmeister

Wir wollen das Christentum auf seine alten Tage nicht in einen heruntergekommenen Gastwirt verwandeln, der ebenfalls zusehen muß, daß er auf etwas Neues verfällt, um die Kunden anzuziehen, und auch wollen wir es nicht in einen Abenteurer verwandeln, der sein Glück in der Welt machen will. Natürlich kann man nicht gerade behaupten, das Chri-

stentum habe, als es einst in die Welt kam, sein Glück gemacht, — damals, als es mit Kreuzigen, Geißeln und dergleichen begann. Aber Gott weiß, ob es eigentlich sein Wunsch
war, Glück in der Welt zu haben! Eher, meine ich, schämt
es sich bei sich selber wie ein alter Mann, der sich nach der
neuesten Mode aufgeputzt sähe. Oder richtiger: ich meine,
es speichert seinen Zorn über die Menschen auf, wenn es
diese verzerrte Gestalt sieht, die Christentum sein soll, —
diese von Wohlgerüchen durchzogene, planmäßig angepaßte
und in abendlichen Gesellschaften eingeführte Wissenschaftlichkeit, deren ganzes Geheimnis in Halbheit und in Wahrheit „bis zu einem gewissen Grade" besteht, — eine in eine
Impfung verwandelte Radikalkur, und wirklich: das Verhältnis zu ihr ist dasselbe wie gegenüber einer Impfung:
man besitzt den Impfschein!!

Nein, — das christliche Paradox ist nicht dies und das,
ist etwas Wunderbares und ist doch nichts so Wunderbares,
seine Wahrheit ist nicht wie die Meinung von Salomons
goldenem Kalb: vieles dafür und vieles dagegen, — ja und
nein zugleich!

Auch der Glaube ist nicht so etwas, was jedermann hat,
und ein gebildeter Mann kann nicht daran erkannt werden,
daß er dabei stehenbleibt. Läßt sich der Glaube von dem
einfältigsten Menschen auch ergreifen und festhalten, so ist
er für den Gebildeten nur um so schwieriger zu erreichen.
O wunderbare, begeisternde christliche Humanität: das
Höchste ist allen Menschen gemeinsam, und der glücklichst
Begabte ist nur der, der am strengsten in die Zucht genommen wird.

## 77

### Von unchristlicher Kindesfrömmigkeit

Wie das Christentum nicht in der Kindheit des Menschengeschlechtes in die Welt kam, sondern in der Fülle der Zeiten, — ebenso paßt das Christentum in seiner entscheidenden Gestalt nicht für jedes Alter.

Im Leben gibt es Augenblicke, die etwas erfordern, was das Christentum gleichsam ganz beiseite lassen will, — etwas, was dem Menschen in einem gewissen Alter als das Unbedingte vorkommt, dessen Eitelkeit derselbe Mensch in einem späteren Alter einsieht. Einem Kind läßt sich das Christentum nicht einflößen; denn es ist doch immer so, daß jeder Mensch nur das erfaßt, was er gebrauchen kann, und das Kind hat für das Christentum keine entschiedene Verwendung.

Immer ist das Gesetz das gleiche, wie es der Eintritt des Christentums in die Welt gegenüber dem Vorausgehenden bezeichnet: für keinen steht das Christsein am Anfang; Christ wird man erst in der Fülle der Zeiten, wenn man es überhaupt wird. Eine streng christliche Erziehung in den wichtigsten Verhaltungsregeln des Christentums ist ein sehr gewagtes Unternehmen; denn das Christentum macht Männer, deren Stärke in ihrer Schwachheit liegt (aber Schwachheit in ihrer ganzen, ernsten Form); wenn man die Kinder in das Christentum hineinzwängt, entstehen im allgemeinen höchst unglückliche Jünglinge. Die seltene Ausnahme ist ein Glückstreffer.

Das Christentum, das einem Kind vorgetragen wird oder das — richtiger gesagt — sich das Kind selber zusammensetzt, wenn man keine Gewalt anwendet, um das Existierende in entschieden christliche Bestimmungen hineinzuzwingen, — dieses Christentum ist eigentlich nicht Christentum, sondern idyllische Mythologie. Es ist die Idee der Kindlichkeit in zweiter Potenz, und das Verhältnis kehrt sich manchmal derart um, daß eher die Eltern vom Kinde lernen als das Kind von den Eltern und daß das liebenswürdige Mißverständnis des Christlichen beim Kinde die Vater- und Mutterliebe zu einer Frömmigkeit verklärt, die doch eigentlich nicht das Christentum ist.

Es gibt Beispiele dafür, daß Menschen, die selber früher nicht religiös bewegt waren, es durch das Kind geworden sind. Aber diese Frömmigkeit ist nicht jene Religiosität, die den Älteren wesentlich angehören soll, und so wie die Mutter von der Milch, die die Natur für das Kind bereitet, selber nicht genährt wird, so soll auch die Religiosität der Eltern ihren entschiedenen Ausdruck nicht in dieser kindertümlichen Frömmigkeit finden. Die Vater- und Mutterliebe hängt so fest an dem Kinde und umschließt es so zärtlich, daß gleichsam die Frömmigkeit selber das erfindet, was doch gelehrt wird, — daß es nämlich einen Gott geben muß, der sich der kleinen Kinder annimmt. Wenn jedoch diese Stimmung die ganze Religiosität der Eltern ausmacht, so fehlt ihnen die eigentliche Religiosität, und so werden sie nur durch eine Wehmut erquickt, die mittelbar mit dem Kindsein zusammenstimmt. Diese Frömmigkeit der Eltern, die Gelehrigkeit des Kindes und sein leichtes Verstehen dieser Seligkeit ist anmutig und liebenswert; aber Christentum ist es eigentlich nicht; es ist Christentum im Spiegel der Phantasie-Anschauung, es ist ein Christentum, von dem man das Schrecknis fortgenommen hat. Was man zu Gott oder zu Christus hinführt, ist nur das *unschuldige* Kind.

Ist das das Christentum, dessen Wesen doch gerade darin besteht, daß der *Sünder* zum Paradox zu gelangen sucht? Daß ein älterer Mann beim Anblick eines Kindes seine Schuld fühlt und voller Wehmut die Unschuld des Kindes erfaßt, ist schön und rührend und ganz in der Ordnung; aber diese Stimmung ist nicht entschieden christlich; denn die rührende Auffassung von der Unschuld des Kindes vergißt, daß das Christentum in dem gefallenen Geschlecht keine Unschuld anerkennt und daß für die qualitative Dia-

lektik das Sündenbewußtsein näher liegt als alle Unschuld.
Die streng christliche Auffassung vom Kinde als Sünder
kann dem Kindesalter nicht den Vorzug geben; denn das
Kind hat kein Sündenbewußtsein, ist also ein Sünder ohne
Sündenbewußtsein.

## LEIDEN UND ABSTERBEN

## Vom Leiden der Innerlichkeit

Vor allem in früheren Zeiten ist viel und oft von den Leiden Christi gesprochen worden, wie er nämlich verspottet, gegeißelt und gekreuzigt worden ist. Aber darüber scheint man eine ganz andere Art von Leiden zu vergessen, nämlich das Leiden der Innerlichkeit, das Seelenleiden oder was man das Geheimnis der Leiden nennen könnte, das mit Christi Leben in der Unkenntlichkeit vom ersten Auftreten an bis zum letzten Augenblick untrennbar verbunden war.

Immer ist es schmerzlich, eine Innerlichkeit verbergen und als ein anderer erscheinen zu müssen, — so ist es ja schon in rein menschlichen Verhältnissen. Dies ist das schwerste menschliche Leiden, und wer es leidet, — ach, der leidet an einem einzigen Tage oft mehr als alle körperlichen Martern zusammen. Ich mache mich nicht anheischig, zu entscheiden, ob es wirklich solchen Zwiespalt gibt und ob ein Mensch, der so einen Zwiespalt erlebt, nicht in jedem Augenblick, den er in ihm verbleibt, sündigt — : ich spreche bloß vom Leiden. Der Zwiespalt besteht darin, daß man aus Liebe zu einem anderen Menschen eine Innerlichkeit verbergen und als ein anderer erscheinen muß. Die Schmerzen sind bloß seelischer Natur und so zusammengesetzt wie nur möglich. Doch ist es nicht gut, wenn ein Schmerz zusammengesetzt ist; denn mit jeder neuen Zusammensetzung bekommt er einen Stachel mehr.

Das Schmerzliche ist nun zuerst *das eigene Leiden;* denn wenn es selig ist, in Liebe und Freundschaft einem anderen

Menschen anzugehören, so ist es schmerzlich, diese Innerlichkeit für sich selber behalten zu müssen. Ferner ist es ein Leiden *um des anderen willen;* denn was die Sorge der Liebe ist, — einer Liebe, die alles für den anderen tun und ihm sogar das Leben opfern möchte, — das findet hier seinen Ausdruck in etwas, was eine schreckliche Gleichheit mit der höchsten Art Grausamkeit hat, — ach, und trotzdem ist es Liebe! — Schließlich besteht das Schmerzliche in der *Verantwortung des Leidens.* Es ist also so: aus Liebe seine eigene Liebe unmittelbar vernichten und sie dennoch bewahren; aus Liebe grausam gegen den Geliebten sein; aus Liebe diese ungeheure Verantwortung auf sich nehmen.

Aber nun der Gottmensch! Der wahre Gott *kann* nicht unmittelbar kenntlich sein; aber die unmittelbare Kenntlichkeit ist das, worum das bloß Menschliche, die Menschen, zu denen er kommt, wie um eine unbeschreibliche Linderung ihn bitten und anflehen möchten. Und aus Liebe wird er Mensch! Er ist Liebe, und trotzdem muß er jeden Augenblick, den er da ist, alles menschliche Mitleid und alle Sorge sozusagen kreuzigen; denn er kann nur der Gegenstand des Glaubens werden. Aber alles, was bloß menschliches Mitleid heißt, hält es mit der unmittelbaren Kenntlichkeit. Doch wenn er nicht Gegenstand des *Glaubens* wird, ist er nicht wahrer Gott, und wenn er nicht wahrer Gott ist, rettet er auch nicht den Menschen. Also stürzt er durch den Schritt, den er aus Liebe tut, gleichzeitig den Menschen, die Menschheit, in die schrecklichste Entscheidung. Ja, es ist, als hörte man das menschliche Mitleid aufschreien: „Oh, warum tust du das?" Dennoch tut er es aus Liebe: er tut es, um die Menschen zu retten. Aber draußen im Schrecknis dieser Entscheidung muß er sie von sich halten, wenn sie überhaupt im Glauben gerettet ihm angehören sollen, — und er ist Liebe. Aus Liebe will er für die Menschen alles tun, er setzt sein Leben für sie ein, er erleidet für sie den schmählichen Tod, — und er erträgt um ihretwillen dieses Leben, daß er also in göttlicher Liebe, in Mitleid und Barm-

herzigkeit (wogegen doch jegliches menschliche Mitleid wie
ein Nichts zu rechnen ist) nach menschlicher Auffassung so
hart sein muß. Sein ganzes Leben ist *Leiden der Innerlichkeit.*

Als dann mit dem nächtlichen Verrat der letzte Abschnitt
seines Lebens beginnt, da erleidet er körperlichen Schmerz
und Mißhandlung; er erleidet es, daß er von einem Freund
verraten wird, daß er alleinsteht, verlacht, verspottet, an-
gespien und mit Dornenkrone und Purpurmantel angetan
wird, — allein mit seiner — menschlich gesprochen — verlorenen Sache („seht, welch ein Mensch!"), — allein unter
seinen rasenden Feinden, welch schreckliche Umgebung! —,
verlassen von allen seinen Freunden, — welch fürchterliche
Einsamkeit!

Doch auf solche Weise kann auch ein Mensch leiden, er
kann dieselbe Mißhandlung erleiden, er kann es erleiden,
daß ihn sein bester Freund im Stich läßt; aber darüber
hinaus kann er nicht leiden: wenn dies überstanden ist, so
ist für einen Menschen der Kelch des Leidens geleert. Dagegen wird Christi Kelch nochmals gefüllt, und zwar mit dem
bittersten Trank: er leidet, daß dieses sein Leiden für die
wenigen Gläubigen zum Ärgernis werden kann und auch
zum Ärgernis wird. Gewiß leidet er nur ein einziges Mal;
aber nicht wie ein Mensch kommt er mit dem ersten Grad
des Leidens ab, er durchleidet auch den zweiten Grad des
schwersten Leidens, — in Sorge und Bekümmernis darüber,
daß sein Leiden Ärgernis erregt.

Dieses Leiden vermag kein Mensch zu begreifen; es begreifen zu wollen, ist Vermessenheit.

## 79

### Mit Christus leiden wollen

Sage doch selber und frage es dich selber: wie würdest du über eine Liebende urteilen, die dem Geliebten erst dann angehören wollte, nachdem er alle Mühen überstanden und in allen Gefahren gesiegt hat, — eine Liebende, die ihn nur in der Hoheit lieben könnte? Heißt das, lieben? Nun ja, das heißt: sich selber lieben, — doch heißt das, lieben?

Denke dir zwei Liebende. Der geliebte Mann hat, nehmen wir an, in seinem Leben unbeschreiblich viel durchgemacht, er hat allein in der Welt stehen müssen, verarmt, von allen verkannt, verachtet, verspottet, — doch dann wandte sich das Blättchen, seine Sache siegte, und nun ist er von allen bewundert, und alle werben um ihn. Erst dann lernt er das Mädchen kennen, das seine Geliebte wird. Sie ist also ganz unschuldig daran, daß sie seine Leiden nicht geteilt hat, sie hat ihn in seiner Leidenszeit ja nicht einmal gekannt. Wenn sie nun recht von Herzen liebt, wird sie es da (nun, das ist eine Übertreibung, aber doch die Übertreibung einer Liebe), — wird sie es sich da nicht wie eine Art Untreue vorwerfen oder doch ihre Liebe als ganz unvollkommen empfinden, weil sie ihn nicht zu seiner Leidenszeit gekannt hat, und wird sie nicht beschämt sein, weil sie mit ihm bloß die Herrlichkeit teilen soll?

Doch was Jesus Christus betrifft, so kann doch wohl keiner behaupten, er habe ihn erst kennengelernt, als er zur Hoheit gekommen war; denn ein jeder, der ihn kennengelernt hat, lernt ihn in seiner Niedrigkeit kennen, und wenn er ihn richtig kennenlernt, lernt er ihn zunächst in seiner Niedrigkeit kennen. Auch kann wohl niemand wirklich behaupten, mit ihm die Niedrigkeit zu teilen, sei unmöglich, da sie ja nun einmal und zwar längst vorbei ist. Nein, — wenn du mit ihm in seiner Erniedrigung gleichzeitig wirst und dieser Anblick dich so bewegt, daß du mit ihm leiden möchtest, so soll dir (dafür soll er dir Bürge sein) genug Gelegenheit gegeben werden, um in Gleichheit mit ihm leiden zu können. Selbst wenn dir die Gelegenheit nicht gegeben würde, kommt ja in jedem Falle so viel Gelegenheit in Betracht, wie du willig bist, in Gleichheit mit ihm zu leiden.

*In Gleichheit mit ihm leiden,* — und — nicht wahr? — du willst dich nicht selber betrügen, du willst aufrichtig sein, — doch, das ist ja selbstverständlich, du bist ja ein Liebender, also so weit wie möglich davon entfernt, Ausflüchte und betrügerische Winkelzüge zu suchen, um dem Leiden mit ihm zu entgehen, wie es die tun, die auf verschiedene Weise gewinnsüchtig auf seine Hoheit rechnen. Nein, — wer Christus liebt, dem fällt es ebenfalls sehr leicht, ohne alle Hilfe von Beredsamkeit ganz schlicht zu verstehen, was damit gemeint ist, wenn es heißt, man solle in Gleichheit mit ihm leiden. Ob nämlich du oder ein anderer Mensch im Leben Widerwärtigkeiten hat, ob es mit ihm vielleicht rückwärtsgeht oder ob er vielleicht das Liebste verliert —: das nennt man nicht ein Leiden in Gleichheit mit Jesus Christus. Solche Leiden sind allgemeinmenschlich, und mit ihnen wurden und werden die Heiden ebensosehr versucht wie die Christen.

Den Christen erkennt man daran, daß er diese Leiden in Geduld trägt; aber wie geduldig er sie auch tragen mag, so fällt es ihm niemals ein, zu meinen, dies wäre gleichbedeutend mit einem Leiden in Gleichheit mit Jesus Christus, — gerade dieser Gedanke wäre unchristliche Ungeduld. In Gleichheit mit Christus leiden, heißt nicht, sich mit dem Unumgänglichen geduldig abfinden, sondern Böses von den Menschen leiden, weil man als Christ oder im Christsein sich auch des Guten befleißigen will; diesem Leiden könnte man dadurch entgehen, daß man es unterläßt, das Gute zu wollen, — so wie wenn (um bloß dieses zu nehmen) ein Mensch sich christlich befleißigte, seine Bürde in Geduld zu tragen, und dann von den Menschen verspottet und ausgelacht würde, weil er geduldig sein will; denn auf solche

Weise litt Christus, — er litt, weil er die Wahrheit war und
nichts anderes sein wollte als das, was er war: die Wahrheit.

Blicke nun nochmals auf ihn hin, auf ihn, den *Erniedrig-*
*ten!* ... (denn wie man die Hoheit mit ihm teilen soll und
wie man sich dabei zu benehmen hat, dazu braucht es keiner Anleitung). Hier geht es mir um die Erniedrigung, —
darum, daß, wenn du die Erniedrigung mit ihm nicht teilen
willst, er auch die *Hoheit* nicht mit dir teilen will, — also
darum, daß du die Erniedrigung mit ihm teilen sollst.

Blicke hin auf ihn, den Erniedrigten! Wenn dich dieser
Anblick rührt, so daß du zu jedem Leiden mit ihm willig
bist, dann, — ja, dann würde ich sagen: du *sollst* mit ihm
leiden. So zu sprechen, ist selig; aber verdrießlich ist es, zu
dem, der nicht von Herzen will, immer wieder sagen zu
müssen: du sollst. Aber wenn einer nichts außer diesem
einen wünscht, daß er nämlich mit ihm leiden möchte, und
dies als das einzige wünscht, so ist es selig, zu ihm zu sagen:
„Glück auf, mein Lieber, — du sollst!" Dies zu sagen, ist
selig, und da ist das Wort „du sollst" auch im schönsten
Sinne an seinem rechten Platze. Das Wort „du sollst" hat
dann nicht so sehr etwas Befehlendes an sich; denn wozu
*dem* einen Befehl erteilen, der voller Begeisterung das
wünscht, was der Befehl ihm befiehlt? Nein, — da ist das
Wort „du sollst" heiligend, läuternd, damit es in diesem
Eifer keine Unbesonnenheit gebe, keine eingebildete Übertreibung und keinen befleckenden Gedanken an etwas Verdienstliches.

Blicke also nochmals auf ihn, den Erniedrigten! Welche
Wirkung bringt dieser Anblick hervor? Sollte er dich nicht
dazu bewegen können, einigermaßen in Gleichheit mit ihm
leiden zu wollen? — also auf die Gefahr hin, deswegen
leiden zu müssen, weil du für die Wahrheit zeugen willst?
Vergiß, wenn möglich, für einen Augenblick alles, was du
von ihm weißt; reiße dich aus der doch vielleicht schläfrigen
Gewohnheit heraus, in der du von ihm weißt; laß es dir
sein, als hörtest du zum ersten Male die Geschichte seiner

Erniedrigung. Oder wenn du meinst, das könntest du nicht, — nun gut, so wollen wir uns auf eine andere Weise helfen. Wir wollen uns ein Kind zu Hilfe nehmen, — ein Kind, das noch nicht dadurch verpfuscht ist, daß es die Geschichte von Christi Leiden und Sterben als einfache Schulaufgabe gedankenlos auswendig gelernt hat, — also ein Kind, das nun davon zum ersten Male erzählen hört. Sehen wir einmal zu, was für eine Wirkung das hervorbringen mag, wenn wir diese Geschichte nur einigermaßen gut erzählen.

Denke dir also ein Kind und mache ihm nun eine Freude damit, daß du ihm ein paar von den künstlerisch unbedeutenden, aber für das Kind so wertvollen Bildern zeigst, wie man sie im Kramladen kauft. Der hier auf dem schnaubenden Roß, mit der wehenden Feder, mit der Herrschermiene, an der Spitze von Tausenden und Abertausenden, die du nicht siehst, die Hand ausgestreckt zu dem Befehl „Vorwärts!", — vorwärts über die Gipfel der Berge, die du da vor dir liegen siehst, — vorwärts zum Sieg —: das ist der Kaiser, der Einzige, Napoleon, — ja, und dann erzählst du dem Kinde etwas von Napoleon.

Der hier ist als Jäger gekleidet; er stützt sich auf seinen Bogen und sieht vor sich hin mit so durchdringendem, so sicherem, aber so bekümmertem Blick. Das ist Wilhelm Tell, und dann erzählst du dem Kinde etwas von ihm und von dem seltsamen Blick, daß er mit demselben Blick Augen für das geliebte Kind hat, um es nicht zu treffen, und gleichzeitig für den Apfel auf dem Haupte des Kindes, den er treffen will.

Auf diese Weise zeigst du dem Kind zu seiner unsäglichen Freude mehrere Bilder, und dann kommst du zu einem, das absichtlich zwischen die anderen gelegt worden war und einen Gekreuzigten darstellt. Dieses Bild wird das Kind nicht sofort und nicht ohne weiteres verstehen; es wird fragen, was es bedeutet und warum er an einem Baum hängt. Dann erklärst du dem Kinde, es sei ein Kreuz, und der daran hänge, sei ans Kreuz geschlagen, und die Kreuzigung sei in jenem Lande die qualvollste Todesstrafe gewesen und noch dazu eine entehrende Todesstrafe, die nur gegen die schlimmsten Verbrecher zur Anwendung kam.

Wie wird das nun auf das Kind wirken? Dem Kinde wird wunderlich zumute werden; es wird sich wohl eigentlich darüber wundern, wie es dir bloß einfallen kann, so ein häßliches Bild zwischen all die anderen schönen Bilder zu legen, — das Bild eines schlimmen Verbrechers mitten unter all die Bilder der Helden und Herrlichen. ... Wißbegierig, wie Kinder sind, wird auch es fragen, wer das sei und was er getan habe. Erzähle dann dem Kinde, daß der Gekreuzigte der Erlöser der Welt ist. Doch wird das Kind damit keine bestimmte Vorstellung verbinden können, und daher erzähle ihm bloß, dieser Gekreuzigte sei der liebreichste Mensch gewesen, der jemals gelebt habe.

O, im Alltagsleben, wo man diese Geschichte auswendig hersagen kann, — im Alltagstreiben, wo ein als Andeutung hingeworfenes Wort genügt, auf daß jeder die Geschichte kennt, da geht das ganz geschwind. Aber gewiß müßte es ein wunderlicher Mensch sein oder richtiger: ein Unmensch, wenn er nicht unwillkürlich die Augen niederschlüge und fast wie ein armer Sünder dastünde, nun, da er das einem Kinde zum ersten Male erzählen soll, — einem Kinde, das also davon nie ein Wort gehört hat und selbstverständlich so etwas nie geahnt hat. Aber dann steht ja in diesem Augenblick der Ältere wie ein Ankläger da, der sich selber und das ganze Menschengeschlecht anklagt! — Was für einen Eindruck, meinst du, wird das nun auf das Kind machen, das natürlich fragen wird: „Aber warum verfuhr man denn so schlimm gegen ihn?"

Siehe, nun ist der Augenblick da: wenn du nicht schon einen allzu starken Eindruck auf das Kind gemacht hast, so erzähle ihm nun von ihm, dem Erhabenen, der von der Hoheit alle zu sich ziehen will. Erzähle ihm, dieser Gekreuzigte sei der Erhabene. Erzähle dem Kinde, daß er die Liebe war, aus Liebe zur Welt kam, geringe Knechtsgestalt annahm und nur für das eine lebte, die Menschen zu lieben und ihnen zu helfen, — vor allem denen, die krank, kummervoll, leidend und unglücklich waren. Erzähle sodann dem Kinde, wie es ihm im Leben erging, wie ihn einer von den wenigen, die ihm nahestanden, verriet, wie ihn die wenigen anderen verleugneten und alle übrigen ihn verhöhnten und verspotteten, bis sie ihn schließlich ans Kreuz nagelten (wie man das auf dem Bilde sieht), und wie sie wünschten, sein Blut möge über sie und ihre Kinder kommen, während er für sie bat, es solle nicht geschehen und der himmlische Vater möge ihnen ihre Schuld vergeben. Erzähle das dem Kinde recht lebendig, als hättest du selber es früher nicht gehört oder früher keinem erzählt; erzähle es, als hättest du selber das Ganze gedichtet, aber vergiß keinen Zug, der aufbewahrt ist, — nur magst du beim Erzählen vergessen, daß er aufbewahrt ist. Erzähle dem Kinde, daß gleichzeitig mit diesem Liebreichen ein berüchtigter Räuber lebte, der zum Tode verurteilt war, — das Volk verlangte seine Freilassung, es rief ihm zu: „Er lebe! Barrabas lebe!"; aber über den Liebreichen riefen sie: „Ans Kreuz mit ihm! Kreuzigt ihn!", so daß also der Liebreiche nicht bloß wie ein Verbrecher gekreuzigt wurde, sondern wie ein derartiges Ungeheuer von Verbrecher, daß im Vergleich mit ihm jener berüchtigte Räuber etwas wie ein rechtschaffener Mann wurde.

Was für eine Wirkung, glaubst du, wird diese Erzählung auf das Kind ausüben? — Doch um recht klarzumachen, wovon die Rede ist, mache eine Probe: setze die Erzählung von dem Gekreuzigten fort, daß er also drei Tage danach von den Toten auferstand und dann zum Himmel auffuhr, um in die Herrlichkeit zu seinem Vater im Himmel einzugehen. Mache einmal diese Probe, und du sollst sehen: das Kind will dies beim erstenmal fast überhören! Die Erzählung von seinem Leiden wird dem Kinde einen so tiefen Eindruck gemacht haben, daß es sich nicht recht dazu aufgelegt fühlt, etwas von der Herrlichkeit zu hören, die auf sein Leiden folgte (denn weil man die Geschichte von seiner

Erniedrigung, von seinem Leiden und Sterben manches Jahr
leichtfertig hat zu hören bekommen, muß man schon gründlich verpfuscht sein, um sogleich nach der Hoheit greifen zu
können, ohne dabei irgendeine Hemmung zu verspüren).

Also welche Wirkung, glaubst du, wird diese Erzählung
bei dem Kinde hervorrufen? Zuallererst wohl die, daß es
die Bilder, die du ihm vorher gezeigt hast, ganz vergißt;
denn nun hat es an etwas ganz anderes zu denken bekommen. Danach wird das Kind wohl in die tiefste Verwunde-
rung darüber geraten, daß Gott im Himmel nicht alles getan
hat, um zu verhindern, daß dies geschah, oder daß es geschah, ohne daß Gott — wenn nicht früher, so doch im
letzten Augenblick — Feuer vom Himmel herabregnen ließ,
um seinen Tod zu verhindern, oder daß es geschah, ohne
daß sich die Erde öffnete, um die Gottlosen zu verschlingen.
(So müßten ja auch wir Älteren es verstehen, wenn wir nicht
begriffen, daß es ein *freiwilliges*, also desto schwereres
Leiden war und daß es ihm, dem Erniedrigten, in jedem
Augenblick freistand, zu beten, und dann hätte ihm der
Vater die Engelsscharen geschickt, um das Schreckliche ab-
zuwehren.)

Dies war bei dem Kinde wohl der erste Eindruck. Aber
nach und nach, wenn das Kind an diese Geschichte denkt,
wird es immer leidenschaftlicher werden; nur an Waffen und
Krieg wird es denken und davon reden; denn das hat es
fest beschlossen: wenn es groß geworden ist, will es alle diese
gottlosen Menschen töten, die so mit dem Liebreichen ver-
fahren waren. Das hatte das Kind fest beschlossen, wobei es
jedoch in seiner Kindlichkeit vergaß, daß sie vor mehr als
1800 Jahren lebten.

Wenn dann aus diesem Kinde ein Jüngling geworden ist,
so wird er den Kindheitseindruck nicht vergessen haben;
aber er wird es nun anders verstehen, nämlich daß sich das
nicht verwirklichen läßt, was das Kind unter Ausschaltung
der 1800 Jahre beschlossen hatte. Doch wird er mit gleicher
Leidenschaft daran denken, gegen die Welt zu streiten, in

der man auf den Heiligen spie, — gegen jene Welt, wo man
die Liebe ans Kreuz schlägt und für den Räuber bittet!

Wenn er älter und reif geworden ist, wird er also den
Kindheitseindruck nicht vergessen haben; aber er wird es
nun anders verstehen. Er hat nun kein Verlangen mehr
danach, dreinzuschlagen; denn — so sagt er — auf diese
Weise werde ich ihm, dem Erniedrigten, ja nicht gleich, —
ihm, der nicht schlug und nicht einmal den Schlag erwiderte,
als er geschlagen wurde. Nein, — er wünscht jetzt nur das
eine, annäherungsweise das zu leiden, was Christus in der
Welt litt, die die Philosophen immer die beste genannt haben und die dennoch die Liebe ans Kreuz schlägt und nach
Barrabas' Freilassung ruft (ja, es muß doch wohl so sein,
daß das, was in der Philosophie wahr ist, es in der Theolo-
gie ist). Das hat ja die Welt immer und immer wieder
in kleineren Verhältnissen gezeigt, daß nicht bloß einer, der
menschlich das Gute will, leiden muß, sondern daß (um des
Gegensatzes willen, den die Welt liebt, um recht auszudrücken, wie sehr das Gute der Welt entgegengesetzt ist),
— sondern daß also gleichzeitig meist ein Gemeiner, der
Verächtliche und Niedrige lebt, den man um des Gegensatzes willen hochleben läßt.

Solcher Art kann also der Anblick dieser Erniedrigung
bewegen. Kann er auch dich so bewegen? — So bewegte er
die Apostel, die nichts wußten und nichts wissen wollten
als Christus, den Gekreuzigten, — kann er auch dich so
bewegen? Daraus folgt nicht, daß du ein Apostel wirst, —
was wäre das doch eine Vermessenheit! — Nein, — daraus
folgt bloß, daß du ein Christ wirst. So bewegte dieser Anblick die Herrlichen, deren die Kirche als ihrer Väter und
Lehrer gedenkt und die mit den Aposteln nichts wußten und
nichts wissen wollten als Christus, den Gekreuzigten, —
kann dieser Anblick auch dich so bewegen? Daraus folgt
nicht, daß du einer von ihnen wirst, — was wäre das doch
ein eitler Gedanke! Daraus folgt bloß, daß du ein Christ
wirst; denn — warum bewegte dieser Anblick jene so sehr?

Weil sie ihn liebten! Deswegen entdeckten sie seine Leiden; denn nur der, der ihn liebt, versteht, daß er die Liebe war, und darum kann nur er darauf aufmerksam werden, wie er litt: wie schwer, wie qualvoll und wie überhaupt er litt, — wie sanftmütig, wie liebreich er litt, — welches Recht er hatte, wie er litt: welches Unrecht!

Wenn dieser Anblick dich nicht so bewegt, mag es wohl daher kommen, daß du ihn nicht liebst. Doch laß deswegen nicht nach, auf daß dich der Anblick dieser Erniedrigung in seinem Leiden vielleicht doch dazu bewegen kann, ihn zu lieben. Wenn es an dem ist, wirst du diesen Anblick nochmals zu Gesichte bekommen, und dann wird er auch dich dazu bewegen, in Gleichheit mit ihm leiden zu wollen, — in Gleichheit mit ihm, der von der Hoheit alle zu sich ziehen will.

### 80

### Gott und die Geopferten

Wenn zwei Menschen miteinander Nüsse äßen und der eine nur die Schale und der andere nur den Kern haben möchte, so müßte man von ihnen sagen, daß sie gut zueinander passen. So passen auch Gott und die Welt gut zusammen. Was die Welt verwirft und verachtet — nämlich die Geopferten, die Kerne —, gerade das hat für Gott unendlichen Wert, und das sammelt Gott mit größerem Eifer auf als die Welt das, was sie mit größter Leidenschaft liebt.

81

## Menschenfeindliches Christentum?

Hier sieht man auch, wie es sich mit einem Einwand verhält, der oft gegen das Christentum erhoben worden ist und in gewisser Hinsicht berechtigt ist; jedenfalls hat er mehr Sinn als die alberne Verteidigung, die man zugunsten des Christentums in diesem Zusammenhang führt. Der Einwand lautet, das Christentum sei menschenfeindlich, so wie ja die Christen in der ersten Zeit des Christentums odium totius generis humani genannt wurden.

Die Sache liegt folgendermaßen: im Vergleich mit dem, was der natürliche Mensch (der sich selber selbstisch oder weibisch liebt) Liebe, Freundschaft und dergleichen nennt, ist das Christentum wie ein Haß gegen das Menschsein, der schwerste Fluch auf das Menschsein und seine härteste Plage. Ja sogar der tiefere Mensch kann manch schwächere Augenblicke haben, wo es ihm scheint, als sei das Christentum Menschenfeindschaft; denn in den schwächeren Augenblicken will er für sich selber gehätschelt sein, will wimmern, will es in der Welt gut haben und in stillerem Genuß hinleben. Das ist das Weibische im Menschen, und daher ist es ganz gewiß wahr, daß das Christentum einen Argwohn gegen die Ehe hat und wünscht, unter seinen vielen verheirateten Dienern doch auch eine unverheiratete Person, einen ledigen Menschen zu haben; denn es weiß recht gut, daß mit Weib, Ehe usw. im Menschen alles Schwächere und Zärtliche aufkommt und daß, soweit der Mann nicht selber darauf gerät, dies die Frau geziemenderweise mit einer Ungezwungenheit darstellt, die für den Mann äußerst gefährlich ist, — gefährlich vor allem für den, der in strengerem Sinne dem Christentum dienen soll.

So fängt denn die Frau folgendermaßen an: „Was willst du dich allen Unannehmlichkeiten und Anstrengungen, all der Undankbarkeit und dem Widerstand aussetzen? Nein,

— laß uns beide das Leben in Behaglichkeit und Gemüt-
lichkeit genießen. Die Ehe ist ja, wie der Pfarrer sagt, ein
gottwohlgefälliger Stand, ja der einzige Stand, von dem das
ausdrücklich gesagt wird; das wird nicht einmal vom geistlichen Stand gesagt. Man soll sich vermählen; mehr oder
etwas anderes fordert Gott von keinem Menschen, vielmehr
ist dies das Höchste, und das hast du ja getan, du besitzest
also Gottes Wohlgefallen; denn du hast ja geheiratet, —
sogar zum zweiten Male. Gib daher solche Gedanken auf,
die doch nichts anderes sind als Eitelkeit und Unsinn; die
Lehre, die auf solche Weise den Menschen in die Widerwärtigkeiten der Welt hinausreißen will, ist menschenfeindlich und ist am allerwenigsten das Christentum, die milde
Lehre, die so freundlich allem Druck abhilft, wie es der
Pfarrer letzten Sonntag sagte. Wie kannst du einen einzigen
Augenblick darauf verfallen, Christentum wäre das, worauf
ein paar düstere, bleiche und menschenfeindliche Einsiedler
gekommen sind, die keinen Sinn für das Weibliche haben?"

Dies gilt zunächst in bezug auf die geringeren und unbe-
deutenderen Aufopferungen. Wenn man nun ein ganzes
Leben lang solchermaßen handeln und es zum Opfer bringen
soll, — wenn man ohne Aussicht auf Linderung solch einer
Zukunft entgegengehen und freiwillig Arbeiten von äußer-
ster Mühseligkeit auf sich nehmen soll, lediglich um zu erreichen (das heißt: überzeugt davon, daß man dies dabei
erreicht), daß man Jahr für Jahr ausgelacht, verfolgt und
schließlich getötet wird, — o, selbst im stärksten Menschen
gibt es Augenblicke, da es ihm menschenfeindlich erscheinen
mag, so etwas von einem Menschen zu verlangen!

So erging es sogar Petrus im Verhältnis zu Christus
(Matth. 16, 21 ff.): „Als Christus seinen Jüngern zu zeigen
anhob, daß er nach Jerusalem gehen, von den Ältesten, den
Hohepriestern und Schriftgelehrten viel leiden und getötet
werden müsse, da nahm Petrus ihn beiseite, begann, ihm
Vorhaltungen zu machen, und sagte: ‚Herr, schone dich selber. Das darf dir nicht widerfahren'." — Man sieht daraus,

was für eine außerordentliche Sicherheit ein Mensch besitzen
muß, um sich der Gefahr, einen Freund zu haben, aussetzen
zu dürfen; denn ein Freund hilft einem gewiß nicht dabei,
wenn man wagen und opfern will, wohl aber, wenn es um
Feilschen und Preisdrücken geht, — und daraus läßt sich
erklären, warum soviel zur Ehre und zum Preis der Freundschaft geredet wird. Wenn also ein Mensch, der doch nach
einem viel größeren Maßstab das Gute will, sich keine fast
übermenschliche Überlegenheit zutrauen kann, so soll er es
in Furcht und Zittern mit Gott halten und vorsichtigerweise
keinen Freund haben; denn wäre Christus nicht Christus
gewesen, so hätte Petrus vermutlich gesiegt.

Petrus begann also, ihm Vorhaltungen zu machen. Weil
Petrus nämlich Christus liebte und sich ihm ganz hingegeben
hatte, wollte er nun in aller Freundschaft, daß sie beide es
gut miteinander haben sollten. Er macht ihm Vorhaltungen;
denn der wahre Freund sagt aufrichtig seine Meinung und
ist nicht bange davor, streng und vorwurfsvoll zu sprechen,
wenn der Freund auf törichten Wegen wandelt, — das heißt,
wenn er im Begriffe steht, irgendeine Sache zu wagen oder
sich für eine Sache zu opfern —: daraus läßt sich erklären,
warum so viel zur Ehre und zum Preis der Freundschaft
geredet wird; denn wenn man innerlich vielleicht selber schon
so widerstandslos ist, daß man am liebsten frei davon sein
möchte, so ist ja die Freundschaft eine herrliche Erfindung,
und unschätzbar ist es, daß einen Freund zu haben, Pflicht ist.

Petrus sagt: „Schone dich selber"; denn er ist mitleidig
und ein wahrer Freund und deshalb nicht so ganz ohne
Eigenliebe; denn es geschah doch auch um seiner eigenen
Person willen, daß Petrus so streng verfuhr. Er sagt: „Das
darf dir nicht widerfahren"; denn daß sich Christus dem
*aus freien Stücken* aussetzen wollte, das kommt Petrus nicht
in den Sinn, und hätte er es erkannt, würde er sich eine wohl
noch stärkere Sprache herausgenommen haben.

Doch Christus antwortet: „Fort von mir, Satan! Du bist
mir ein *Ärgernis;* denn du hältst es nicht mit Gott, sondern

mit den Menschen." Hier sieht man ganz deutlich, wo die
Möglichkeit des Ärgernisses liegt, und zugleich erkennt man,
wie die Christenheit, die es bloß mit den Menschen hält, die
Möglichkeit des Ärgernisses dadurch abgeschafft hat, daß sie
das Christentum entsprechend dem, wie sie es mit den Menschen hält, umgewandelt hat. Der Grund, weswegen Petrus
für Christus ein Ärgernis ist, ist gerade das Gegenteil von
dem, weshalb Christus für Petrus ein Ärgernis ist. Petrus ist
die liebenswürdigste Ausgabe des menschlichen Mitleids, —
wohlgemerkt: des *menschlichen* Mitleids, und deswegen ist
er für Christus ein Ärgernis. Christus ist das Göttliche, das
Unbedingte, und deshalb ist er Petrus ein Ärgernis.

Das *Bedingte* besteht nämlich darin, in der Zeitlichkeit
als Lohn für die Arbeit eine gewisse Zeit nachzuweisen. Aber
das *Unbedingte* besteht darin, nur die Ewigkeit zu wählen.
Doch steht dies mit der Ewigkeit für den sinnlichen, den
natürlichen (selbst für den tüchtigsten) Menschen nicht ganz
fest; deswegen ist ihm das Unbedingte ein Ärgernis. Der
*gläubige* Mensch betrachtet das ganze Leben, so wie der
*natürliche* Mensch gewisse Jahre des Lebens betrachtet. Der
natürliche Mensch findet sich damit ab, gewisse Jahre zu
leiden, — um dann den Lohn zu ernten; aber der gläubige
Mensch verfügt über das ganze Leben in der Zeitlichkeit.

Aber gegenüber dem Unbedingten steht der Verstand still.
Der Widerspruch besteht darin, daß vom Menschen verlangt
wird, er solle die größtmögliche Opferung vollziehen, nämlich sein ganzes Leben zum Opfer bringen, und wofür? Ja,
da gibt es kein Wofür! „Dann ist es ja Unsinn", sagt der
Verstand. — Da gibt es kein Wofür, weil da ein unendliches
Wofür ist. Doch überall da, wo der Verstand solchermaßen
stillsteht, liegt die Möglichkeit des Ärgernisses. Soll man da
siegreich hindurchdringen, so muß der *Glaube* hinzutreten;
denn der Glaube ist ein neues Leben. Ohne Glauben bleibt
man im Ärgernis, und dann wird man vielleicht etwas Großes in der Welt, macht sein Glück über alle Maßen, wird
geehrt und gerühmt von seinen Zeitgenossen als der größte

Mann der Zeit usw. —: das ist nicht unmöglich; denn wir
wollen nicht vergessen: die Dialektik des Ärgernisses kommt
wieder. Wäre es so, daß es dem, der Ärgernis nimmt, in der
Welt schlecht ergehen müßte, so wäre ja der Begriff auf-
gehoben, und dann gäbe es nichts, woran man Ärgernis
nehmen könnte. Die Möglichkeit des Ärgernisses liegt ja
gerade darin, daß der, der Ärgernis gibt, der Glaubende ist,
in dem jedoch die Welt einen Verbrecher erblickt.


## 82

### Vom wahren Gebet im Leiden

„Jeder bekümmerte, gebeugte und leidende Mensch kann
nur im Gebet Trost finden" —: das ist ein sehr, sehr wahrer
Satz. Aber auf dieses eine muß man doch wohl achten: wir
gewöhnlichen Menschen bitten Gott, er möge ein Ende mit
den Leiden machen und uns bessere Zeiten schicken, — so
finden wir Trost im Gebet. Dagegen bittet der Wahrheitszeuge Gott, er möge ihn stärken, damit er im Leiden aushalten könne —: er also betet sich in das Leiden immer tiefer hinein. Je innerlicher er betet, desto mehr nähert er sich
Gott, und desto mehr setzt er sich im Leiden fest. Hast du
Mut, so zu beten?


## 83

### Von der Erniedrigung

Dies ist die Probe: Christ zu werden und Christ zu bleiben,
— ein Leiden, mit dem sich an Schmerzen und Qualen kein
anderes menschliches Leiden vergleichen läßt. Aber trotzdem
ist weder das Christentum noch Christus grausam. Nein, —
Christus ist an sich die Milde und Liebe, er ist die Milde

und Liebe selber. Die Grausamkeit kommt daher, daß der
Christ in dieser Welt leben und in dem Umkreis dieser Welt
zum Ausdruck bringen soll, daß er ein Christ ist; denn so
milde, so schwach ist Christus nun wieder nicht, daß er den
Christen aus der Welt hinausnehmen möchte.

In leidenschaftlich aufgewühlter Stimmung, die mit der
Möglichkeit des Ärgernisses in Beziehung steht, will es einem
so scheinen, als sei das Christentum grausam; — aber das
ist nicht der Fall —: wer grausam ist, das ist die Welt, —
das Christentum ist die Milde und die Liebe. Doch ist, wie
gesagt, das Leiden das qualvollste, und dem einzelnen Christen ist ein Leiden vorbehalten, worin nicht einmal der Gottmensch versucht werden konnte.

Eine entsetzliche Entdeckung ist es, daß die Wahrheit verfolgt wird; aber das Leiden wird verschieden, je nachdem
wer diese Entdeckung macht. Ein törichter, eingebildeter
Mensch, der mit sich selber so außerordentlich zufrieden ist,
leidet nicht sonderlich unter der Entdeckung, daß die Wahrheit verfolgt wird, — wofern es überhaupt in Wahrheit
möglich ist, daß so ein Mensch diese Entdeckung macht.
Andererseits weiß der Gottmensch in seinem Innersten ewig
sicher, daß er die Wahrheit ist und daß er Verfolgung leidet,
weil oder obwohl er die Wahrheit ist, aber er leidet nicht
zugleich an anderer Stelle in seinem Innern daran, wie weit
er nun in jedem Falle in der Wahrheit ist. Aber dies ist der
Fall mit dem einzelnen Christen. Ihm könnte diese Gotteslästerung natürlich niemals einfallen, daß er nämlich die
Wahrheit sein will; vor Gott ist er ein geringer, ein sündiger Mensch, der sich zur Wahrheit nur sehr unvollkommen
verhält. Aber je mehr der Christ auf solche Weise in Furcht
und Zittern der Innerlichkeit vor Gott ist, desto mehr ängstigt und bekümmert er sich über jeden Fehltritt, und desto
geneigter ist er dazu, nur sich selber anzuklagen. Insofern
würde es für ihn doch zuweilen ein Trost sein, wenn andere
gut über ihn urteilten. Aber genau das Gegenteil ist der Fall:
für alles Böse wird er angeklagt, und so wird er jeden

Augenblick wieder in seine Selbstbekümmernis zurückgetrieben, ob der Fehler nicht trotzdem an ihm liege, — und es schaudert ihn. Aber je mehr er in neuer Furcht und in neuem Zittern arbeitet und noch mehr darum ringt, uneigennützig, aufopfernd und liebreich zu sein, desto mehr zeihen ihn die Menschen der Selbstsucht.

Wenn er in der Christenheit lebt, so vollzieht sich solche Anklage unter allgemeinem Summen und Brummen von abenteuerlichen Gestalten, die zu jenem Teil der Geistlichkeit gehören, die man die sogenannten Priester nennt. Im Interesse ihres eigenen Lebensunterhalts versichern sie, der Liebreiche werde von Gott und Menschen geliebt, und dies sei Christentum, — dies und nicht etwa, daß der Liebreiche das Opfer wird, sondern daß der Liebreiche der ist, dem Opfer dargebracht werden, — ohne zu bedenken, daß das ja gleichbedeutend mit einer Verspottung Christi ist; denn wenn das wahr ist, so war ja Christus, der doch das Opfer wurde, nicht der Liebreiche. Aber in der Christenheit leidet ein Christ das beschriebene Leiden dadurch noch vergrößert, daß man ihn mit der Behauptung ängstigt, er sei überhaupt kein Christ, und sein Leben sei eine unchristliche Übertreibung, weil er nicht gleich den anderen Christen das Christentum etwas sein lassen will, das man vermeintlich bloß in seinem Inneren verborgen halten soll, — vielleicht sogar so gut versteckt halten soll, daß es gar nicht vorhanden ist.

So in Selbstbekümmernis geängstigt die Entdeckung machen zu sollen, daß nicht die „Wahrheit" leiden muß (denn daß irgendein Christ diese Entdeckung macht, kann nicht behauptet werden; das könnte nur der Gottmensch, der die Wahrheit war), sondern daß doch die *Wahrheitsliebe* leiden muß —: das ist qualvoll. Wenn dieser (soll ich nun sagen: dieser leidende Christ? Nein, das ist nicht nötig; denn jeder Christ leidet), — wenn also dieser Christ nicht das Vorbild hätte, auf das er blicken kann, so hielte er es auch nicht aus, — so dürfte er nicht an die Liebe an sich glauben, wenn die Menschen so gegen ihn zeugen. Aber das Vorbild, — er, der

ewig in sich selber wußte, daß er die Liebe war, und den
daher keine Welt, auch nicht die ganze Welt in dieser Gewißheit erschüttern konnte, — gerade er hat zum Ausdruck
gebracht, daß die Liebe gehaßt und die Wahrheit verfolgt
wird. Mit diesem Bilde vor Augen hält es daher der Christ
in der Erniedrigung aus, — hingezogen zu ihm, der von der
Hoheit alle zu sich ziehen will.

So also verhält es sich mit der Hoheit und mit der Niedrigkeit. Die Erniedrigung des wahren Christen ist nicht
schlecht und recht eine Erniedrigung, sie ist bloß die Wiedergabe der Hoheit, aber ihre Wiedergabe in der Welt, wo
sich die Hoheit umgekehrt als Niedrigkeit und Erniedrigung
zeigen muß. Der Stern steht in Wahrheit hoch am Himmel
und steht ebenso hoch am Himmel, obwohl es, ins Meer
gesehen, so aussieht, als läge er tief unter der Erde. So ist
das Christsein die höchste Erhöhung, wenn sie sich auch im
Spiegelbild der Welt als die tiefste Erniedrigung zeigt. So
ist also die Erniedrigung in gewissem Sinne die Hoheit; sobald du die Welt, das trübe Element, fortnimmst, das durch
sein Spiegelbild verwirrt, — sobald der Christ stirbt, ist er
in der Hoheit, wo er schon vorher war; aber von der Welt
aus konnte man das nicht sehen, — ebensowenig wie einer,
der seinen Kopf nicht aufrichten und also bloß den Stern
tief unten auf dem Meeresgrunde sehen könnte, darauf verfallen könnte, daß er eigentlich in der Höhe steht.

So ist es mit dem wahren Christen. In seiner Erniedrigung
ist er nicht durch die Vorstellung der anderen unterstützt,
daß diese Erniedrigung doch eigentlich die Hoheit oder doch
das umgekehrte Spiegelbild der Hoheit ist, — auf Grund
der Umgekehrtheit des Dritten, worin sie das Spiegelbild
ist. Wäre es so, dann wäre es mit der Erniedrigung kein
rechter Ernst. Es verhält sich mit ihm nicht so, wie wenn ein
Fürst inkognito und doch bekannt ist, vielmehr wie wenn
sich ein Fürst so verkleidet hat, daß er sich keinen Mitwisser
versichert hat oder in einem fremden Lande lebt, wo ihn
keiner kennt, und nun wird von ihm angenommen, er wolle

sich für einen Fürsten ausgeben, also für einen, zu dem man deswegen sagt: „Nein, halt! Uns betrügst du nicht. Eine königliche Person willst du sein oder doch etwas Großes? Das ist lauter Lüge und Eitelkeit und Einbildung. Entweder bist du verrückt oder ein Betrüger."

Wie entsteht nun dieses Verhältnis der Erniedrigung? Es entsteht folgendermaßen: er, der von der Hoheit alle zu sich ziehen will, zieht einen Menschen so zu sich, daß dieser Mensch ein Christ wird und bleibt. Aber dieser Christ steht hier in der Welt, und daher ist es seine Hoheit, die Hoheit dessen, der zieht, die sich in der Erniedrigung dieses Christen spiegelt.


## 84

### Für die Lehre leiden wollen

Für die Lehre leiden, für die Lehre leiden *wollen* und nicht zufällig für sie leiden *müssen*: diese Art Christentum ist außer Gebrauch gekommen.

Eine weitere Art Christentum, bei dem jedenfalls von dem Leiden für die Lehre als dem Entscheidenden nicht die Rede ist, findet man vielleicht kaum mehr vor. Ein Christentum, bei dem die vom Christentum vorausgesetzten seelischen Zustände, der Kampf eines geängstigten Gewissens, Furcht und Zittern, vor allem der tiefe, lebensgefährliche Anstoß des Christlichen, daß es den Juden ein Ärgernis und den Griechen eine Torheit ist, — ein Christentum also, bei dem diese seelischen Zustände wie deutliche Krankheitszeichen hervorträten, ist ebenfalls kaum mehr zu finden, und falls es doch noch vorhanden wäre, so ist jedenfalls hierbei nicht vom Leiden für die Lehre die Rede. Diese Art Christentum findet man also kaum an, und wie sollte das auch in unserer Zeit möglich sein, da die ganze Lebensweise darauf abzielt, das Gemüt an dem Erwerb dieser Innerlichkeit zu hindern, bei der solche Seelenzustände Gestalt an-

nehmen könnten?! In unserer Zeit ist fürwahr und bezeichnenderweise der Arzt der Seelsorger. . . .

Eine weitere Art Christentum, bei der von einem Leiden
für die Lehre jedenfalls keine Rede ist, trifft man vielleicht
selten genug an: es ist ein stillerer Lebensgenuß, der auf
bürgerliche Rechtschaffenheit sieht und dabei häufiger an
Gott denkt, so daß der Gedanke an Gott auch in etwa zur
Geltung kommt; aber dabei hat man kein einziges Mal
einen tieferen Stoß von der Gegensätzlichkeit wider das
Christliche bekommen, und auch hat man nicht gemerkt, daß
das Christliche dem Juden in mir ein Ärgernis und dem
Griechen in mir eine Torheit ist, und jedenfalls kann hier
vom Leiden für die Lehre keine Rede sein.

Die gewöhnliche Art Christentum ist ein verweltlichtes
Leben, das wohl mehr aus Klugheit als um des Gewissens
willen große Verbrechen meidet, voller List Lebensgenuß
sucht und dann hin und wieder eine sogenannte fromme
Stimmung hat. Das ist Christentum, — im gleichen Sinne,
wie ein bißchen Übelkeit und ein bißchen Leibschmerzen
Cholera ist. . . . Man kann in unwahrer Weise das Christentum so streng machen, daß sich das Menschliche dagegen
empören muß, um es abzuschütteln oder von sich zu stoßen.
Aber man kann das Christentum auch so milde machen oder
es so sehr zuckern, daß alle Versuche mit Beweisen und
Gründen doch nicht dazu verhelfen, den Appetit zu reizen
und den Menschen Geschmack an ihm zu verleihen, vielmehr
damit enden, daß die Menschen sich ekeln. Nein, — was in
die Speise hineingehört, ist Salz! Fürwahr, — dafür hat das
Neue Testament gesorgt. Die frohe Botschaft soll den Menschen nicht mit „Gründen" und „Beweisen" aufgeschwatzt
werden. Das ist ebenso unwürdig, wie wenn eine Mutter
sich zu dem Kinde hinsetzen und betteln muß, daß es die
gesunde, vortreffliche Speise nimmt, über die es doch die
Nase rümpft und die es nicht recht essen mag. Nein, — der
Appetit muß auf andere Weise geweckt werden, und dann
soll man die frohe Botschaft schon schmackhaft finden.

85

## Gottes Erhabenheit

Das ist doch ein sehr kümmerlicher Begriff von Gottes Erhabenheit, wenn man denkt, seine Gerechtigkeit sei unmittelbar daran kenntlich, daß er sogleich zuschlägt und straft, wenn einer nicht will, wie er will.

Nein, nein, — genau das Umgekehrte ist der Fall, wie ja überhaupt im Verhältnis zu Gott alle Kenntlichkeit Umgekehrtheit ist. Sein Strafen, seine Ungnade in dieser Welt besteht darin, daß er die Gottlosen nicht beachtet, — o du, der du eine Vorstellung von Gott hast, fasse diese Strafe! — Für Gott sind die Gottlosen gewissermaßen gar nicht vorhanden. Darum geht es ihnen in dieser sündigen Welt gut.

Nur denen, die Gott liebt und die Gott lieben, — nur denen schickt Gott Leiden. Aus Liebe bringt er es nicht übers Herz, daß sie ihr Leben wie schlaftrunken führen und nicht darauf aufmerksam werden, daß Gott Geist ist und daß für ihn diese Welt im Bösen liegt. Darum ruft er sie mit Hilfe von Leiden, damit sie mit dieser Welt ungleichartig werden, — er ruft sie, er will für sie da sein, und sie sollen für ihn da sein, — während er die Gottlosen in der Ungnade seiner unendlichen Erhabenheit nicht beachtet und eben durch solche Nichtbeachtung straft.

Sogar in menschlichen Verhältnissen gibt es ein schwaches, schwaches Gegenstück: der wirklich Erhabene ist streng nur gegen die, die er liebt; ihnen sagt er ihre Fehler, er macht sie darauf aufmerksam und plagt sie beinahe; aber die Feinde beachtet er desto weniger, je nichtswürdiger sie sind; für sie ist es ja auch die schwerste Strafe, daß sie in ihrem Irrtum immer mehr bestärkt werden.

## 86

### Vom Leiden aus Glauben

Du bist ein Christ; also hoffst und glaubst du, selig zu
werden, — eben selig wie irgendein Wahrheitszeuge oder
einer jener Glaubenshelden, die sich doch das Christsein zu
einem ganz anderen Preise hatten erkaufen müssen. Deswegen würde vielleicht auch einer, der Autorität besäße,
ganz anders zu dir sprechen und dir zu deinem Schrecken
sagen, dein Christsein wäre Einbildung gewesen, und du
führest zur Hölle. Dies als eine Übertreibung seitens der
Autorität hinzustellen, davon bin ich weit entfernt. Nein,
— ich verstehe nur allzugut, was für eine Anstrengung das
Wagnis erfordert, einen anderen vor dieses Entweder —
Oder stellen zu dürfen. Doch ich, der ich keinerlei Autorität
besitze, darf so nicht sprechen; ich darf nur sagen, daß ich
glaube, du würdest ebenso selig wie irgendein Wahrheitszeuge und Glaubensheld. Aber weiter sage ich zu dir: denke
dir einmal dein Leben neben dem Leben so eines Menschen.
Bedenke, was er hat opfern müssen: alles opferte er, was
im ersten Augenblick am schwersten und je länger, desto
schwerer zu opfern fällt. Denke daran, was und wie
schmerzhaft und langwierig er gelitten hat! Du, — ja, du
lebst glücklich in einem geliebten Heim, deine Frau hängt
an dir mit ganzem Herzen und aus allen Kräften, du hast
Freude an deinen Kindern —: bedenke, was das doch heißen will, tagein tagaus in diesem Frieden und in dieser
Ruhe leben, wie das einer Menschenseele so wohltut, weit
mehr als die schwache Beleuchtung eines späten Nachmit-
tags für einen, dem die Augen wehe tun; bedenke auch,
daß dies dein tägliches Leben ist, — und nun denke dir
daneben einen Wahrheitszeugen! Du, — du lebst gewiß
nicht in Müßiggang (keineswegs!), sondern so, daß dein
Werken deine Zeit, deinen Fleiß und deine Kraft nur so
weit in Anspruch nimmt, daß es für dein Arbeiten auch ein

Rasten gibt und daß dir die Arbeit selber manches Mal so erquickend wie ein Zeitvertreib ist. Du lebst, wenn auch nicht gerade im Überfluß, so doch so, daß du dein reichliches Auskommen hast; du hast Zeit für so manchen Genuß, der die Zeit behaglich ausfüllt und neue Lebenslust verleiht; kurz und gut: dein Leben ist ein stilles tägliches Genießen. Aber nun: sein Leben —: o, das war ein qualvolles Leiden! — Nun sterbt ihr beide, und ihr beide werdet selig!

Du kannst dich in glücklicher Verborgenheit deines Lebens freuen, darfst ungestört und unbemerkt dahingehen und du selber sein. Weil du so unbemerkt lebst, hast du oft Gelegenheit, die Menschen von ihrer besten, ihrer guten und liebenswürdigen Seite kennenzulernen. Gehst du in das Menschengewimmel hinaus, so triffst du entweder den Fremden, der dich gar nicht kennt, oder die wohlwollenden, teilnahmsvollen Blicke derer, die dich kennen. Wenn du Gelegenheit findest, einem anderen Menschen einen Dienst, eine Wohltat zu erweisen, so wirst du mit so viel Freude belohnt, daß es sehr fraglich ist, ob du nicht damit dir selber einen Dienst und eine Wohltat erweist. Weil du dein Leben leicht verstehst, bist du leicht im Einvernehmen mit den anderen und wirst von ihnen leicht verstanden.

Aber er —? Oh, er mußte sich tagein, tagaus, wie es von einem solchen Wirken nicht zu trennen ist, von diesem menschlichen Geschwätz gleichsam verzehren und aufessen lassen, — von diesem Geschwätz, das allezeit hungrig nach Stoff zum Schwatzen begehrt. Jahr für Jahr mußte er täglich veranlaßt und genötigt sein, die Menschen von der — gelinde gesagt — bestialischen Seite, oft auch in ihrer tiefen Verdorbenheit kennenzulernen. Immer wieder mußte er sich davon überzeugen, daß jeder ihn kannte, und das mußte er daraus erkennen, daß er in jedem Blick Unwillen, Widerstand, Verbitterung, Hohn usw. begegnete. Seiner ganzen Mitwelt erwies er Wohltaten und wurde mit dem Fluch einer ganzen Mitwelt belohnt. In den Qualen der

Anfechtung mußte er sein Leben verstehen lernen, und dann mußte er sich Tag für Tag mühselig durch die Mißverständnisse der Zeitgenossen und durch die Qualen des Mißverständnisses hindurcharbeiten, — — und dann sterbt ihr beide und werdet *beide* selig!!

Bedenke das, und du wirst dir selber sagen — nicht wahr? — was auch ich mir sage: ob ich mich nun wirklich nicht so weit hinauswagen soll, oder ob ich mich selber verweichliche und mich nicht so weit hinauswage, so will ich eines trotzdem tun, mag ich auch noch soviel zu schaffen haben: ich will mir Zeit nehmen, um mich jeden Tag an diese Herrlichen zu erinnern. O, mir will scheinen, daß es ein himmelschreiendes Unrecht ist, daß wir beide selig werden! Aber in jedem Falle soll mein Leben eine Erinnerung an diese Herrlichen sein!

Siehe, hier hast du sofort ein Beispiel für die Bewegung, die eine Unruhe in Richtung auf Verinnerlichung ist.


87

## Vom Absterben

Erst mußt du jeder lediglich irdischen Hoffnung und jedem lediglich irdischen Vertrauen absterben, mußt deiner Selbstheit oder der Welt absterben; denn nur durch deine Selbstheit hat die Welt Macht über dich, und wenn du deiner Selbstheit abgestorben bist, bist du auch der Welt abgestorben. Aber der Mensch hängt natürlich mit seinem ganzen Selbst an nichts so fest wie an seiner Selbstheit. O, wenn in der Todesstunde Seele und Leib geschieden werden, so ist das nicht so schmerzlich, wie wenn man sich bei lebendigem Leibe von seiner Seele trennen soll. Kein Mensch hängt an diesem sinnlichen Leben so fest wie die Selbstliebe eines Menschen an seiner Selbstheit.

Ich möchte ein Beispiel anführen und es jenen alten Er-

zählungen nachbilden, in denen berichtet wird, wie ein
Mensch in älteren Zeiten in inneren Leiden geprüft worden
ist; es sind das Erzählungen, die unsere unversuchten, klugen Zeiten wohl für eine Fabel ansehen werden und die
höchstenfalls eine Spur von dichterischem Wert besitzen.
Ein Beispiel möchte ich also anführen, und dazu möchte ich
das wählen, wovon wir Menschen so oft reden und was uns
so sehr beschäftigt, — nämlich die Liebe; denn die Liebe
ist ja gerade eine der stärksten und tiefsten Äußerungen
der Selbstheit.

Denke dir also einen Verliebten. Er sah das Mädchen vor
sich und verliebte sich darein, und es wurde seiner Augen
Lust und seines Herzens Begehr. Er warb um das Mädchen,
— es war seiner Augen Lust und seines Herzens Begehr.
Er gewann die Geliebte, sie wurde sein, — sie, die seiner
Augen Lust und seines Herzens Begehr war. Da erging —
wie es in jenen alten Erzählungen des öfteren geschieht —
an ihn der Befehl: „Laß ab von ihr!" — Ach, und sie war
doch seiner Augen Lust und seines Herzens Begehr!

Mein Zuhörer, — um es recht zu erkennen, wollen wir
hier genau zusehen, wie tief es eindringen muß, wenn die
Selbstheit tatsächlich getötet werden soll; denn in seiner
Not rief der Liebende: „Nein, — ich lasse nicht von ihr ab,
und ich kann nicht von ihr ablassen. Oh, habe doch Mitleid
mit mir! Darf ich sie nicht behalten, — nun, so töte mich
oder laß sie mir wenigstens genommen werden!" — Du
verstehst ihn doch recht: seine Selbstheit wäre schon tief
genug verwundet, wenn ihm der Gegenstand seiner Liebe
*geraubt* würde; aber ganz richtig empfand er, daß seine
Selbstheit noch tiefer verwundet würde, wenn die Forderung lautete, *er selber* solle sich seiner Geliebten berauben.

Mein Zuhörer, — gehen wir einen Schritt weiter, um
das Leiden tiefer nach innen zu verfolgen, wenn die Selbstheit noch tiefer ertötet werden soll. Wir wollen nun auch
den Gegenstand der Liebe miteinbeziehen. Also dieser
Gegenstand, den er begehrt, den er umwarb und der sein

eigen war, seiner Augen Lust und seines Herzens Begehr, — dieser Gegenstand, von dem er ablassen soll — ach, seiner Augen Lust, seines Herzens Begehr! —: nehmen wir an, um den Schmerz des Absterbens noch stärker zu beleuchten, daß die Geliebte mit ihm in der Ansicht übereinstimmt, es sei grausam, sie zu scheiden, — und dies soll er *von sich aus* tun! Er soll von dem ablassen, was ihm keine menschliche Macht zu rauben denkt. Von ihr ablassen, das ist für ihn doppelt schwer; denn du kannst es dir ja vorstellen —: die Geliebte nimmt ihre Zuflucht zu Tränen und Bitten, sie ruft Lebende und Tote, Menschen und Gott an, um das zu verhindern, — und trotzdem soll er von ihr ablassen! Hier hast du, falls nicht der Liebende der harten Notwendigkeit auf andere Weise Herr wird oder von Sinnen kommt, ein Beispiel für das Absterben; denn sein Wünschen und Hoffen nicht erfüllt zu sehen oder des Begehrten und Liebsten beraubt zu werden, — das kann schon schmerzlich genug sein, — dadurch wird die Selbstheit verwundet; aber daraus folgt nicht, daß sie abstirbt. Sich selber etwas, vielleicht den liebsten Wunsch versagen zu müssen, das kann schmerzlich genug sein und die Selbstheit verwunden; aber daraus folgt nicht, daß sie abstirbt. Nein, — seinen *erfüllten* Wunsch selber zunichte machen müssen oder sich selber des *errungenen* Begehrten berauben müssen —: das heißt, die Selbstheit an der Wurzel verwunden! So geschah es mit Abraham, da Gott forderte, Abraham selber (fürchterlich!) solle mit eigener Hand (welch wahnwitziges Entsetzen!) Isaak opfern, — Isaak, die so lang und so sehnsuchtsvoll erwartete Gabe, — jene Gabe, die doch von Gott kam und von der Abraham daher meinte, er solle Gott dafür sein ganzes Leben lang danken, ohne doch je genug danken zu können, — Isaak, sein einziges Kind, das Kind seines Alters und der Verheißungen! — Glaubst du, der Tod könne solchermaßen schmerzen? Ich glaube es nicht. Jedenfalls steht das eine fest: mag das *Sterben* solchen Schmerz bringen können, so ist mit dem Tode der

Schmerz vorbei. Aber mit dem *Absterben* ist es auf diese Weise nicht vorbei; denn der Abgestorbene verliert ja nicht sein natürliches Leben, und vielleicht liegt noch ein langes Leben vor ihm.

Dies wäre also das Absterben. Aber absterben mußt du, bevor der lebendigmachende Geist kommt. O, wenn ich mich bisweilen einen Tag lang oder auch länger so wenig aufgelegt, mich so müde und untüchtig fühle, als wäre ich beinahe tot, wie wir ja wohl sagen, — dann habe ich auch bei mir selber geseufzt: „Oh, bringe Leben! Leben ist es, was mir not tut!" Oder wenn ich, vielleicht über meine Kräfte hinaus angestrengt, zu entdecken meine, ich könne es nicht länger aushalten, oder wenn es eine Zeitlang so ausgesehen hat, als sollte mir alles mißglücken, und wenn ich dann mißmutig wurde, dann habe ich bei mir selber geseufzt: „Leben! Bringe Leben!!" Aber daraus folgt nicht, daß das Christentum der Ansicht ist, was mir nottue, sei dies, wonach ich gerufen habe. Angenommen, es wäre anderer Meinung und sagte: „Nein, stirb erst ganz; das ist ja dein Unglück, daß du noch selbstisch am Leben hängst, — an diesem Leben, das du eine Plage und eine Bürde nennst! Stirb ganz!!", — was dann?

Einmal habe ich einen Menschen fast verzweifelt niedersinken sehen und ihn rufen hören: „Bringe Leben — Leben! Das ist schlimmer als der Tod; denn der Tod macht dem Leben ein Ende. Aber ich bin wie tot und bin doch nicht tot!" — Nicht ich bin die Strenge. Wüßte ich ein linderndes Wort, so hätte ich ihn gerne trösten und aufmuntern wollen. Trotzdem ist es gut möglich, daß dem Leidenden etwas anderes fehlte, — daß er härterer Leiden bedurfte. Härtere Leiden! Wer ist der Grausame, der so etwas zu sagen wagt? Das Christentum sagt es, mein Freund, — jene Lehre, die man unter dem Namen des milden Trostes feilbietet, während sie fürwahr der Trost der Ewigkeit und auf ewig ist. Allerdings muß es den Menschen etwas hart anfassen; denn das Christentum ist nicht das, wozu wir Menschen — du so gut wie ich — es allzu gerne machen wollen, — es ist kein Quacksalber. Ein Quacksalber steht sofort zu Diensten, bringt sofort die Arznei an und verpfuscht alles. Das Christentum jedoch wartet, bevor es die Medizin anwendet, — nicht jede armselige kleine Unpäßlichkeit heilt es mit der Ewigkeit, und das ist doch wohl auch eine Unmöglichkeit, wie es auch sich selber widerspricht! Mit der Ewigkeit und für die Ewigkeit heilt es nur dann, wenn die Krankheit derartig ist, daß die Ewigkeit am Platze sein kann, — das heißt: du mußt absterben. Deswegen ist das Christentum so streng, damit es selber nicht zu Geschwätz wird (worin wir Menschen es gar zu gerne verwandeln möchten) und dich nicht im Geschwätz bestärkt.

Wie richtig das ist, hast du selber doch gewiß schon in kleineren Dingen erfahren. Hast du nicht gleich mir die Erfahrung gemacht, daß, wenn du vielleicht schon zu jammern anfingst und sagtest: „Ich kann nicht mehr", und dann am nächsten Tage noch strenger angefaßt wurdest, daß dann — ja, was dann? — daß du dann konntest? Wenn die Pferde vor Erschöpfung stöhnen und keuchen und ihnen eine Handvoll Hafer not tut, aber andererseits der schwerbeladene Wagen rückwärts den steilen Hang hinablaufen und vielleicht Pferde und Fuhrmann und alles mit sich in den Abgrund reißen würde, wenn man einen Augenblick rasten wollte, — ist es da so grausam von dem Fuhrmann, wenn die Schläge fürchterlich fallen, — so fürchterlich, wie er es gegen das Paar Pferde, die ihm so teuer sind wie sein Augapfel, sonst nie übers Herz gebracht hätte? Ist das grausam, oder ist das nicht etwa ein Zeichen von Liebe? Ist diese Grausamkeit grausam zu nennen, wenn sie unbedingt das einzige ist, was vor dem Untergang retten und hindurchhelfen kann? — So ist es auch mit dem Absterben.

88

## Der Selbstsucht und der Welt absterben

Schließlich bringt der Geist auch die *Liebe*. An anderen Stellen habe ich schon zu beweisen versucht, was man nicht oft genug einschärfen und nie deutlich genug machen kann, daß nämlich das, was wir Menschen unter dem Namen der Liebe preisen, Eigenliebe ist und daß sich, wenn wir darauf achten, für uns das ganze Christentum verwirrt.

Erst wenn du der Selbstsucht in dir und damit der Welt abgestorben bist, so daß du nicht die Welt liebst, auch nicht die Dinge in der Welt und auch keinen einzigen Menschen selbstsüchtig liebst, — wenn du in Liebe zu Gott gelernt hast, dich selber zu hassen, erst dann kann von *christlicher* Liebe die Rede sein. Nach unseren bloß menschlichen Begriffen hängt die Liebe mit unserem Wesen unmittelbar zusammen. Daher finden wir es in der Ordnung, daß sie am stärksten in den jüngeren Jahren ist, wo das Herz all seine ursprüngliche Wärme und Begeisterung besitzt, sich in Hingabe für andere öffnet und sich voller Hingabe an andere anschließt. So finden wir es zwar nicht in der Ordnung, aber sehen es doch als den gewöhnlichen Lauf der Dinge an, daß, je älter ein Mensch wird, sein Wesen sich allmählich desto weniger an andere anschließt, — es zieht sich zusammen, öffnet sich nicht mehr so teilnehmend und gibt sich nicht mehr so offen hin, — was wir als traurige Folge trauriger Erfahrungen erklären; denn wir sagen: „Ach, dieses frohe, liebende, vertrauensvoll sich erschließende und gänzlich sich hingebende Herz der Jugend, auch unserer Jugend, — es wurde so oft und so bitter betrogen! In bitteren Erfahrungen mußte ich die Menschen von ganz anderer Seite kennenlernen, und deswegen (also deswegen!) erlosch in meiner Brust auch ein Teil der Liebe".

O, mein Freund, — wie, meinst du, haben die Apostel die Menschen kennengelernt? Etwa von der vorteilhaften

Seite? Fürwahr —: wenn einer (doch unter denen, die so schnell und viel von dem warmen, vollen, liebevollen und freundschaftsvollen Herzen der Jugend sprechen, findet man so einen kaum), — wenn also jemals einer berechtigt gewesen wäre, zu sagen: „Ich habe die Menschen so kennengelernt, daß ich eines weiß: sie verdienen es nicht, geliebt zu werden", so wären es Christi Apostel! Solche Erfahrungen erbittern. So natürlich ist doch der Wunsch, bei den Menschen das zu finden, was man lieben kann, und eine billige Bedingung ist es doch, wenn das, was man sucht, entweder nicht oder nur das Wohl der anderen ist. So etwas nicht zu finden, sogar das Gegenteil davon zu finden und es in jenem Ausmaße zu finden wie die Apostel —, o, darüber könnte man sich zu Tode grämen! Das taten die Apostel auch in gewissem Sinne: sie starben, alles war dunkel um sie her . . ., als sie die entsetzliche Erfahrung gemacht hatten, daß die Liebe nicht geliebt, sondern gehaßt wird, daß sie in dieser Welt verspottet, bespien und gekreuzigt wird, — gekreuzigt wird, während sich die richtende Gerechtigkeit seelenruhig die Hände wäscht und die Stimme des Volkes sich laut für den Räuber erklärt. So schwuren sie dieser lieblosen Welt wohl ewige Feindschaft? Ach ja, in einem gewissen Sinne; denn Liebe zu Gott ist Haß wider die Welt, — aber darüber hinaus schwuren sie der Welt keineswegs ewige Feindschaft: um in der Liebe zu verbleiben, vereinigten sie sich in der Liebe zu Gott gewissermaßen mit Gott, um diese lieblose Welt zu lieben, — der lebendigmachende Geist brachte die Liebe. So beschlossen die Apostel, in Gleichheit mit dem Vorbild zu lieben, alles zu leiden, alles auszuhalten und sich zu opfern, um die lieblose Welt zu retten. Das ist Liebe.

### 89

## Vom Außerordentlichen

Weltlichkeit ist es, wenn man von der Entsagung frei werden will, wenn man also das Leben genießen will.

Aber der Entsagung nachkommen wollen und dabei für das Außerordentliche gelten, — das ist ebenfalls Weltlichkeit.

Überhaupt hat ja das Außerordentliche — das kann ich nicht genug einschärfen — mit dem Ethischen gar nichts zu tun. In ethischer Hinsicht gibt es gar nichts Außerordentliches; denn das Höchste ist ganz schlicht das Geforderte. Darum ist es Unrecht und Wucher, wenn man bei der Erfüllung des Geforderten Nutzen von dem Außerordentlichen haben will. Gerade das kann ja die Mitwelt vielleicht wünschen; denn so werden sie ja so einen Mann los, so daß sein Leben an sie keine Forderung enthält. Das Außerordentliche steht nicht in einem Verhältnis zu dem, daß man in ethischer Hinsicht dem Befohlenen nachkommen soll, sondern es steht in besonderem Verhältnis zu Gott.

### 90

## Sich durch Zeitliches nicht abirren lassen

Es war einmal eine Lilie. Die stand an einer abseits gelegenen Stelle an einem kleinen rinnenden Wasser und hielt gute Nachbarschaft mit ein paar Nesseln sowie mit einer Anzahl anderer Blümchen da in der Nähe. Die Lilie war nach der wahrhaften Beschreibung des Evangeliums schöner gekleidet als Salomo in all seiner Herrlichkeit, dabei sorglos und froh den lieben langen Tag. Unmerklich und in Glückseligkeit glitt die Zeit dahin, gleich dem rinnenden Wasser, das rieselt und dahinzieht. Aber da traf es sich, daß eines Tages ein Vögelchen kam und die Lilie besuchte. Am nächsten Tag kam es wieder, blieb dann mehrere Tage fort und kehrte sodann wieder. Das dünkte der Lilie seltsam und unerklärlich; sie konnte es nicht fassen, warum der Vogel nicht auf derselben Stelle blieb wie die kleinen Blumen, und es dünkte sie sonderbar, daß der Vogel so launenhaft sein konnte. Wie das nun oft vorkommt, so geschah es auch der Lilie: gerade weil der Vogel so launenhaft war, verliebte sie sich immer mehr in ihn.

Dieses Vögelchen war ein schlimmer Vogel; statt sich in die Lage der Lilie zu versetzen, statt sich an ihrer Schönheit zu freuen und sich mit ihr ihrer unschuldigen Glückseligkeit zu erfreuen, wollte er sich dadurch wichtig machen, daß er seine Freiheit fühlte und die Lilie ihre Gebundenheit fühlen ließ. Und nicht nur das —: auch war das Vögelchen redselig, es erzählte von allem möglichen, Wahres und Unwahres; es sprach von weit prächtigeren Lilien, die an anderen Stellen in großer Menge stünden und wo eine Freude und Munterkeit, ein Duft, eine Farbenpracht und ein Vogelgezwitscher herrsche, **daß es nicht** zu sagen sei. So erzählte der Vogel, und jede seiner Erzählungen endete gerne mit der für die Lilie demütigenden Bemerkung, im Vergleich mit solcher Herrlichkeit sehe sie wie ein Nichts aus, ja, sie wäre so unbedeutend, daß es sich überhaupt frage, mit welchem Rechte sie sich eine Lilie nenne.

So wurde die Lilie bekümmert, und je mehr sie auf den Vogel hörte, desto mehr wuchs ihre Bekümmernis. Nachts schlief sie nicht mehr ruhig, und morgens wachte sie nicht mehr froh auf. Sie fühlte sich gefangen und gebunden, das Rieseln des Wassers fand sie langweilig, und der Tag wurde ihr lang. Nun fing sie an, sich voller Selbstbekümmernis, solange der Tag währte, mit sich selber und mit ihren Lebensverhältnissen zu beschäftigen.

„Ganz schön mag es ja sein", sagte sie zu sich selber, „hin und wieder und um der Abwechslung willen auf das Rieseln des Baches zu lauschen. Aber tagein, tagaus immer dasselbe zu hören, das ist doch gar zu langweilig". — „Es kann angenehm sein", sagte sie bei sich, „hin und wieder an abgelegener Stelle zu stehen und einsam zu sein; aber so das ganze Leben hindurch vergessen zu sein, ohne Gesellschaft zu sein oder nur die Gesellschaft von Brennesseln zu haben, was doch wohl für eine Lilie keine Gesellschaft ist, das ist nicht auszuhalten." — „Und dann", meinte sie weiter bei sich, „und dann so gering auszusehen und so unbedeutend zu sein, wie es der kleine Vogel von mir behauptet, — ach, warum bin ich nicht an anderer Stelle und unter anderen Lebensbedingungen aufgewachsen?! Ach, warum bin ich keine Kaiserkrone geworden!?" Das Vögelchen hatte ihr nämlich erzählt, unter allen Lilien gelte die Kaiserkrone für die schönste und werde von allen Lilien beneidet. Um so mehr kam es der Lilie zum Bewußtsein, wie die Bekümmernis nach ihr griff. Aber dann redete sie sich vernünftig zu, — aber doch nicht so vernünftig, daß sie sich die Bekümmernis aus dem Sinn schlug, sondern so, daß sie sich selber davon überzeugte, wie berechtigt ihre Bekümmernis sei; denn, so sagte sie, „mein Wunsch ist ja kein unvernünftiger Wunsch. Ich verlange ja nichts Unmögliches, daß ich gar zu etwas werden möchte, was ich nicht bin, zum Beispiel ein Vogel. Nein, — mein Wunsch ist lediglich der, ich möchte eine prächtige Lilie werden oder doch auch die prächtigste von allen."

Während alledem flog das Vögelchen hin und her, und mit jedem seiner Besuche und mit jedem Abschied wuchs die Unruhe der Lilie. Schließlich vertraute sie sich dem Vogel ganz an. Eines Abends kamen sie überein, am nächsten Morgen solle eine Veränderung vor sich gehen, und der Bekümmernis solle ein Ende gemacht werden. Zeitig am nächsten Morgen kam das Vögelchen; mit seinem Schnabel hackte es das Erdreich an der Wurzel der Lilie los, so daß sie frei werden konnte. Als das geglückt war, nahm der Vogel die Lilie unter seine Flügel und flog mit ihr von dannen. Es war nämlich verabredet worden, der Vogel

solle mit der Lilie dorthin fliegen, wo die prächtigen Lilien
blühten; dort solle er ihr dann beim Einpflanzen behilflich
sein, um zu erproben, ob es der Lilie nicht durch die Orts-
veränderung und die neue Umgebung glücke, in der Gesellschaft der vielen eine prächtige Lilie oder gar eine Kaiserkrone zu werden, die von allen anderen beneidet werde.

Ach, unterwegs welkte die Lilie. Wäre es der bekümm-
merten Lilie genug gewesen, daß sie eine Lilie war, so wäre
sie nicht bekümmert geworden. Hätte die Bekümmernis in
ihr keine Stätte gefunden, so wäre sie stehen geblieben, wo
sie stand, — wo sie in all ihrer Schönheit stand. Wäre sie
stehen geblieben, wäre sie gerade jene Lilie gewesen, von
der der Pfarrer am Sonntag sprach, als er das Wort des
Evangeliums wiederholte: „Sehet die Lilien: ich sage euch,
daß Salomo in all seiner Herrlichkeit nicht gekleidet war
wie sie" . . .

Die Lilie ist der Mensch. Das schlimme Vögelchen ist der
unruhige Gedanke des Vergleichens . . .

Wenn nun der Mensch an die Bekümmernis der Lilie, die
eine Kaiserkrone werden wollte, nicht ohne Lächeln denken
kann, und wenn er sich vergegenwärtigt, daß sie unterwegs verstarb, — o, dann bedenke, Mensch, daß es zum
Weinen wäre, wenn sich ein Mensch ebenso unvernünftig
bekümmerte, — ebenso unvernünftig, — doch nein —: wie
dürfte ich das so stehenlassen und wie dürfte ich ernstlich
die göttlich bestellten Lehrmeister beschuldigen, — die Lilien
auf dem Felde! Nein, — so bekümmern sich die Lilien nicht,
und gerade deswegen sollen wir von ihnen lernen.

Wenn es einem Menschen gleich der Lilie genügt, daß
er ein Mensch ist, so wird er nicht krank durch zeitliche
Bekümmernis, und wenn er nicht durch zeitliche Dinge bekümmert wird, so bleibt er auf jener Stelle stehen, die ihm
angewiesen ist, und wenn er da verharrt, dann ist es fürwahr so, daß er durch sein Menschsein herrlicher ist als
Salomos Herrlichkeit.

91

## Von der Uneigennützigkeit

Wie sehr ist doch in unseren Zeiten Uneigennützigkeit vonnöten, — nun, da alles getan wird, um aus allem ein Augenblickliches und aus allem Augenblicklichen alles zu machen!

Ist es denn anders? Tut man nicht alles, um den Augenblick so übermächtig wie nur möglich zu machen, — übermächtig über das Ewige und das Wahre? Tut man nicht alles, um in beinahe vornehmer Unwissenheit um Gott und das Ewige den Augenblick sich selbstgenügsam werden zu lassen, eingebildet auf den vermeintlichen Besitz aller Wahrheit und übermütig in der Vorstellung, man selber sei der Erfinder des Wahren? Wie hat sich nicht mancher Bessere vor der Macht des Augenblicks gebeugt und dadurch den Augenblick noch ärger gemacht! Gerade wenn der Bessere aus Schwachheit oder Selbstsucht nachgibt, muß er im Lärmen des Augenblicks Vergessenheit für seinen Fall suchen; aus allen Kräften muß er daran arbeiten, um den Augenblick noch aufgeblasener zu machen.

Ach, die Zeit der Denker scheint vorüber zu sein! Die stille Geduld, die demütige und gehorsame Bedächtigkeit, der hochgemute Verzicht auf augenblickliches Wirken, der Abstand der Unendlichkeit vom Augenblick und die ihrem Denken und Gott hingegebene Liebe, ohne die kein einziger Gedanke gedacht werden kann —: all das scheint zu verschwinden und scheint im Begriffe, den Menschen lächerlich zu werden. Wieder ist der Mensch das Maß aller Dinge geworden, ganz im Sinne des Augenblicks. Alle Mitteilung soll so eingerichtet sein, daß sie bequem in eine leichte Flugschrift eingehen kann, oder sie soll von Unwahrheit über Unwahrheit unterstützt werden. Ja, es ist so, als müßte zuletzt alle Mitteilung so eingerichtet sein, daß sie in höchstens einer Stunde in einer Versammlung vorgetragen wer-

den kann, — einer Versammlung, die wiederum eine halbe
Stunde mit dem Lärm des Beifalls oder Mißfallens vertut
und in der zweiten halben Stunde zu benommen ist, um
ihre Gedanken sammeln zu können. Trotzdem trachtet man
nach dem Augenblick als dem Höchsten. Die Kinder erzieht
man dazu, als das Höchste dies zu betrachten: in einer
Stunde gehört und bewundert zu werden. Auf solche Weise
setzt man den Kurswert des Menschseins herab.

Nicht mehr ist die Rede von dem Höchsten, daß man
nämlich Gott gefalle, wie der Apostel sagt, oder daß man
jenen Herrlichen gefalle, die in der Vorzeit lebten, oder
jenen wenigen Vortrefflichen, die gleichzeitig mit einem
leben. Nein, — im Verlauf von einer einzigen Stunde eine
Versammlung der ersten besten, zusammengelaufenen Menschen zu befriedigen, die hinwiederum selber weder Zeit
noch Gelegenheit gehabt haben, um über das Wahre nach-
zudenken und also Oberflächlichkeit und halbe Gedanken
fordern, wenn sie mit Beifall lohnen wollen, — das ist es,
wonach man trachtet. — Das will sagen: um es trotzdem
dieses Trachtens in etwa für wert zu finden, hilft man mit
Unwahrheit nach. Man bildet sich gegenseitig ein, die Ver-
sammelten seien lauter Weise, und jede Versammlung be-
stehe aus lauter Weisen. So ist es ganz wie zu Sokrates'
Zeiten, wie es der Ankläger bewies: „Alle verstanden die
jungen Leute zu unterweisen; nur ein einziger verstand es
nicht, — das war Sokrates" . . . So sind auch in unserer Zeit
„alle" die Weisen, und nur hin und wieder ist ein einzelner
da, der ein Tor ist. Die Welt ist also der Vollkommenheit
so nahe gekommen, daß nun „alle" die Weisen sind, und
gäbe es nicht die vereinzelten Sonderlinge und Toren, wäre
die Welt ganz vollkommen.

Bei alledem sitzt Gott gleichsam im Himmel und wartet.
Keiner sehnt sich aus diesem Lärmen und Toben des Augenblicks fort, um jene Stille zu finden, in der Gott wohnt.
Während der Mensch den Menschen bewundert, weil er
ganz wie die anderen ist, sehnt sich keiner nach der Ein-

samkeit, in der man zu Gott betet. Keiner verschmäht diese wohlfeile Befreiung vom „Höchsten" aus Sehnsucht nach dem Maßstab der Ewigkeit! So wichtig ist der Augenblick sich selber geworden!

So sehr ist daher aufopfernde Uneigennützigkeit vonnöten. O, könnte ich doch so eine in Wahrheit uneigennützige Gestalt darstellen! Aber dazu ist hier nicht der Ort, wo es eigentlich um die Anpreisung der Liebe geht, — und deswegen will ich hier einen anderen Wunsch äußern: möchte doch, wenn so eine Gestalt einmal dargestellt wird, der Augenblick dann Zeit zu ihrer Betrachtung haben!

## 92

## Schweigen tut not

Betrachtet man — wozu man vom christlichen Standpunkt aus gewiß berechtigt ist — den jetzigen Zustand der Welt und das ganze Leben, so müßte man sagen: es ist eine Krankheit.

Wenn ich Arzt wäre und mich einer fragte: „Was meinst du, muß getan werden?", so würde ich antworten: „Das erste, was getan werden muß, und die unbedingte Voraussetzung dazu, daß überhaupt etwas getan werden kann, ist —: schaffe Schweigen! gebiete Schweigen! Gottes Wort kann ja nicht gehört werden, und wenn es mit Hilfe lärmender Mittel geräuschvoll hinausgerufen wird, damit man es auch im Getöse hören kann, so bleibt es nicht Gottes Wort. Schaffe Schweigen!! Ach, alles lärmt, und wie heißes Getränk das Blut bekanntlich in Wallung bringt, so ist in unserer Zeit jedes einzelne, selbst das unbedeutendste Unternehmen und jede einzelne, selbst die nichtssagendste Mitteilung bloß darauf berechnet, die Sinne zu reizen oder die Masse, die Menge, das Publikum und den Lärm zu erregen! Der Mensch, dieser gewitzigte Kopf, sinnt fast Tag und Nacht darüber nach, wie er zur Verstärkung des Lärms immer neue Mittel erfinden und mit größtmöglicher Hast das Geräusch und das leere Gerede möglichst überallhin verbreiten kann. Ja, was man auf solche Weise erreicht, ist wohl bald das Umgekehrte: die Mitteilung ist an Bedeutungsfülle wohl bald auf den niedrigsten Stand gebracht, und gleichzeitig haben umgekehrt die Mittel der Mitteilung

in Richtung auf eilige und alles überflutende Ausbreitung
wohl das Höchstmaß erreicht; denn was wird wohl hastiger
in Umlauf gebracht als das Geschwätz?! Und anderseits —:
was findet willigere Aufnahme als das Geschwätz?! — O,
schaffet Schweigen!!"

## 93

### Von der Einsamkeit

Es war „der böse Geist", der Christus in die Einsamkeit
führte, um ihn zu versuchen. Daraus könnte sich einer
vielleicht zu der Schlußfolgerung verleitet sehen, immer
sei es der böse Geist, der den Menschen in die Einsamkeit
hinausführe. Daran ist etwas Wahres; aber zugleich ist
dies der Weg zum rechten Gottesverhältnis, wie man ja
auch sagen kann, gerade Christi Versuchung in der Einsamkeit mache, wenn man so sprechen darf, seine Entwicklung
aus. Und außerdem: in gewissem Sinne wohnt Gott in der
Einsamkeit. Aber Einsamkeit ist gewiß etwas Dialektisches,
und aus einem Menschen, der nicht in der Einsamkeit war,
wird deswegen selten etwas Gutes oder Böses. In der Einsamkeit ist das Absolute, aber auch die absolute Gefahr; in
der Gesellschaft ist die Relativität und auch die relative
Gefahr, — wohlgemerkt: gleichzeitig die Gefahr, die mehr
als relativ ist —, nämlich sich das Absolute entschlüpfen zu
lassen, niemals seine Anwesenheit zu entdecken und nie sein
Leben im Verhältnis zu ihm zu bestimmen, wie weit man
auch davon entfernt ist, absolut zu sein. Das Absolute sein zu
wollen, ist nämlich von einem Menschen Schwärmerei und
Hochmut; aber Wahrheit ist es, wenn man versteht, daß es
für jedereinen der Maßstab ist, mit dem man zur Demüti-
gung und zum Ansporn gemessen werden soll; denn die Erkenntnis, wie weit man davon entfernt ist, demütigt, aber sie
soll einen auch anspornen und im Streben wachhalten.

94

## Vom Christsein und von der Sünde

Jeder für sich soll sich in stiller Innerlichkeit vor Gott demütigen, — was doch soviel besagt, als im strengsten Sinne
ein Christ sein. Aufrichtig vor Gott soll man eingestehen,
wer man ist, auf daß man die Gnade würdig annimmt, die
jedem Unvollkommenen — also jedem einzelnen Menschen
— geboten wird. Und nichts weiter! Dann verrichte man
seine Arbeit und freue sich ihrer, man liebe seine Gattin
und freue sich ihrer, man erziehe sich seine Kinder zur
Freude, man liebe seine Mitmenschen und freue sich des
Lebens. Ob weiteres von ihm verlangt wird, wird ihm Gott
schon zu verstehen geben, und in solchem Falle wird er ihm
auch weiterhelfen; denn in der furchtbaren Sprache des
Gesetzes lautet das doch deswegen so entsetzlich, weil es so
aussieht, als solle sich der Mensch aus eigener Kraft zu
Christus halten, während es — in der Sprache der Liebe —
Christus ist, der ihn hält. Ob also weiteres von ihm gefordert wird, wird ihm Gott schon zu verstehen geben; aber
von jedem einzelnen wird gefordert, daß er sich aufrichtig
vor Gott unter die Forderungen der Idealität demütige.
Deswegen sollen diese Forderungen gehört und immer von
neuem in ihrer ganzen Unendlichkeit gehört werden. Aus
dem Christsein ist heutzutage ein Nichts geworden, — ein
Schelmenstreich — etwas, was jeder einzelne ohne weiteres
ist, — etwas, wozu man leichter kommt als zu der unbedeu-
tendsten Fertigkeit. Höchste Zeit ist es fürwahr, die Forderungen der Idealität zu hören.

„Doch wenn das Christliche etwas so Entsetzliches und
Schreckliches ist, — wie in aller Welt kann da ein Mensch
darauf verfallen, das Christentum anzunehmen?". — Ganz
einfach und, wenn du willst, ganz lutherisch will ich es dir
sagen: nur das Bewußtsein der Sünde kann, wenn ich so
sagen darf, in dieses Schrecknis hineinzwingen, und von der

anderen Seite aus ist die Gnade die zwingende Kraft. In demselben Augenblick verwandelt sich das Christliche und ist nur noch Milde, Gnade, Liebe und Barmherzigkeit. Für jegliche andere Betrachtung ist das Christentum etwas Verrücktes oder das größte Schrecknis, und so soll es auch sein. Nur in dem Bewußtsein der Sünde findet man Zugang zum Christentum. Wer auf anderem Wege hineinkommen will, begeht ein Majestätsverbrechen wider das Christentum.

Aber die Sünde, daß nämlich du und ich und der Einzelne Sünder sind, — das hat man abgeschafft, oder sowohl im häuslichen, bürgerlichen und kirchlichen Leben als auch in der Wissenschaft, die ja die *Lehre* von der Sünde im allgemeinen erfunden hat, ist es auf unerlaubte Weise im Wert herabgemindert worden. Zum Ersatz dafür hat man den Menschen ins Christentum hineinhelfen und sie darin bewahren wollen, und wodurch? —: durch all das Weltgeschichtliche, durch all die Worte von milder Lehre, von Hohem und Tiefem, von einem Freund usw., — durch all das, was Luther „Gewäsch" nennen würde und was Gottesverhöhnung ist, weil man sich so frech mit Gott und Christus verbrüdern will.

Nur das Sündenbewußtsein ist die unbedingte Ehrfurcht, und gerade weil das Christentum die unbedingte Ehrfurcht haben will, so soll und will sich das Christentum für jegliche andere Betrachtung als Verrücktheit oder Schrecknis zeigen, — gerade deswegen, damit der qualitativ unendliche Nachdruck auf das eine fallen kann, daß nämlich das Sündenbewußtsein den Zugang zum Christentum und auch jene Erscheinung bildet, wo die Milde, Liebe und Barmherzigkeit des Christentums gesehen werden kann, weil das Sündenbewußtsein die unbedingte Ehrfurcht ist.

Der Einfältige, der demütig bekennt, daß er ein Sünder ist, — er persönlich als Einzelner, — er braucht gar nichts von all den Schwierigkeiten zu wissen, die auftreten, wenn man weder einfältig noch demütig ist. Wem jedoch dieses demütige Bewußtsein, persönlich als Einzelner ein Sünder zu sein, fehlt, mag alle menschliche Weisheit und Klugheit und alle menschlichen Gaben in noch so hohem Maße besitzen —: das wird ihm nur wenig frommen. In gleichem Maße wird sich das Christentum gegen ihn aufrichten und sich in Verrücktheit oder Schrecknis verwandeln, bis er lernt, entweder das Christentum aufzugeben oder mittels der Qualen eines zerknirschten Gewissens ... auf dem schmalen Weg durch das Sündenbewußtsein in das Christentum einzugehen.

## 95

### Von der stillen Vorbereitung zum Religiösen

Die stillen Stunden in der Kirche sind gewiß nicht das Höchstmaß der Religiosität. Im Gegenteil, — es sind Schulübungen, damit du das Religiöse in die Wirklichkeit übertragen sollst, und insofern hat die Kirche oder haben die stillen Stunden in der Kirche ihre wahre Bedeutung darin, daß sie die Kirche überflüssig machen, wenn wir auch niemals so weit kommen und immer gut daran tun, sie zu besuchen.

Denke dir einen Violinspieler. Wollte er, ohne von der Musik das mindeste gelernt zu haben, sich sofort ins Orchester setzen und mitspielen, so würde er selber gestört und andere stören. Nein, — lange Zeit hindurch braucht er stille Stunden zum Üben. Dort stört ihn, soweit wie möglich, fast nichts; da sitzt er, zählt den Takt usw. Doch soll er ja im Orchester mitspielen, das Brausen der verschiedenen Instrumente und Töne soll er aushalten können, und dennoch soll er seine Geige bedienen und ganz ruhig und sicher mitspielen, als wäre er daheim allein in seinem Zimmer. Eine lange Zeit hindurch muß er also stille Stunden zu Hilfe nehmen, um das Geigenspiel zu lernen; aber das Ziel ist unablässig das gleiche: im Orchester mitspielen zu können.

So geht es auch mit dem Religiösen.

96

## Schweigen und Gotteskindschaft

Als Amor Psyche verließ, sagte er zu ihr: „Du sollst Mutter eines Kindes werden. Wenn du schweigst, wird es ein Götterkind werden; aber wenn du das Geheimnis verrätst, wird es ein Mensch werden."

Jeder Mensch, der zu schweigen versteht, wird ein Gotteskind; denn im Schweigen liegt die Besinnung auf seine göttliche Herkunft. Wer redet, wird ein Mensch.

Wie viele verstehen zu schweigen! Wie viele verstehen bloß, was Schweigen besagen will! ...

97

## Vom Gewissensverhältnis

Wer mit einem einzigen Worte den Sieg angeben und bezeichnen sollte, den das Christentum über die Welt errungen hat, oder — noch richtiger: den Sieg, womit es die Welt mehr als überwunden hat (da ja das Christentum in weltlicher Hinsicht niemals hat siegen wollen), — wer also angeben wollte, worin die vom Christentum beabsichtigte Veränderung der Unendlichkeit besteht, wodurch in Wirklichkeit alles geblieben ist, wie es war, und doch im Sinne der Unendlichkeit alles neu geworden ist (denn das Christentum war nie ein Freund von Neuigkeitskrämerei) —: wer also das angeben wollte, für den wüßte ich kein kürzeres, aber auch kein entscheidenderes Wort als dieses eine: aus jeglichem menschlichen Verhältnis zwischen Mensch und Mensch hat das Christentum ein *Gewissensverhältnis* gemacht.

Das Christentum hat nicht die Regierungen vom Thron stürzen wollen, um sich selber auf den Thron zu setzen;

im äußerlichen Sinne hat es nie um den Platz in der Welt
gestritten, von der es ohnehin nicht ist (denn wenn es im
Raum des *Herzens* Platz findet, besetzt es damit keinen
Platz in der *Welt*), und trotzdem hat es all das unendlich
verändert, was es bestehen ließ und noch immer bestehen
läßt. Wie nämlich in jeder Ader das Blut strömt, so will das
Christentum alles mit dem Gewissensverhältnis durchdrin-
gen. Die Veränderung liegt nicht im Äußeren und Auffal-
lenden, und dennoch ist die Veränderung unendlich. Wie
wenn ein Mensch in seinen Adern statt des Blutes jenen
göttlichen Saft besäße, von dem das Heidentum träumte,
so will das Christentum dem Menschengeschlecht das ewige
Leben, das Göttliche einflößen. Deswegen hat man gesagt,
die Christen seien ein Volk von Priestern, und deswegen
kann man im Hinblick auf das Gewissensverhältnis sagen,
es sei ein Volk von Königen.

Nimm die geringste, die meist übersehene Arbeiterin, —
denke dir eine recht einfältige, ärmliche, arme Waschfrau,
die sich ihr Auskommen mit der geringsten Arbeit verdient;
in christlicher Auffassung hat sie das Recht (und wir bitten
sie im Namen des Christentums recht inständig, ihr Recht
auch auszuüben), — sie hat also das Recht, während ihrer
Arbeit mit sich selber und mit Gott zu sprechen, was ihre
Arbeit ja nicht aufhält, — sie hat das Recht, zu sagen: „Ich
tue diese Arbeit um Tagelohn; aber daß ich sie so sorg-
fältig ausführe, das tue ich um des *Gewissens* willen."

Ach, weltlich gibt es nur einen, einen einzigen Menschen,
der keine andere Verpflichtung anerkennt als die des Gewissens, — nämlich der König. Doch in christlicher Auffassung hat diese geringe Frau das Recht, einem Könige
gleich, zu sich selber vor Gott zu sagen: „Ich tue das um
des Gewissens willen." Wird die Frau mißmutig, weil kein
Mensch auf diese Rede hören will, so zeigt das bloß, daß
sie nicht christlich gesinnt ist, oder ich meine, es müsse ihr
genug sein, daß Gott ihr so mit ihm zu sprechen vergönnt.
In dieser Hinsicht begehrlich Redefreiheit zu verlangen, ist

eine große Torheit gegen sich selber; denn es gibt gewisse
Dinge und darunter vor allem die Geheimnisse der Innerlichkeit, die durch Veröffentlichung verlieren und die ganz
dann verlorengehen, wenn aus ihrer Veröffentlichung das
allein Wichtigste geworden ist, — ja, es gibt Geheimnisse,
die in solchem Fall nicht bloß verlorengehen, sondern
geradezu Unsinn werden. Die göttliche Meinung des Christentums besteht darin, jedem Menschen im Vertrauen zu
sagen: „Sei nicht geschäftig damit, die Gestalt der Welt oder
deine Lebensbedingung zu verändern, — also, um bei
unserem Beispiel zu bleiben, trachte nicht danach, statt eine
arme Arbeiterin zu sein, es so weit zu treiben, daß du mit
„gnädige Frau" angeredet wirst. Nein, — eigne dir das
Christliche an, und dann wird sich dir außerhalb der Welt
ein Punkt zeigen, mit dessen Hilfe du Himmel und Erde
bewegen sollst, — ja, du sollst das noch weit Verwunder-
lichere vollbringen: du sollst Himmel und Erde so still
bewegen, daß es keiner merkt."

Das ist die Wundertat des Christentums, — weit wun-
derbarer als die Verwandlung von Wasser in Wein, —
diese Wundertat, die in aller Stille und ohne einen Thron-
wechsel vor sich geht, — ja ohne daß sich eine Hand rührt,
— diese Wundertat, die jeden Menschen in göttlicher Auffassung zu einem König macht und so leicht, so behende
und so überaus wunderbar ist, daß die Welt es in gewissem
Sinne überhaupt nicht zu erfahren braucht; denn in der
Welt draußen soll und muß der König der einzige sein,
der nach seinem Gewissen herrscht; aber um des Gewissens
willen muß es jedem erlaubt sein, zu gehorchen, — ja, das
kann keiner, gar keiner verhindern. Drinnen, tief drinnen,
wo das Christliche im Gewissensverhältnis wohnt, ist alles
verändert.

Siehe: die Welt schlägt Lärm, bloß um kleine Veränderung zu erwirken; Himmel und Erde setzt sie für ein
Nichts in Bewegung, — dem Berge gleich, der eine Maus
gebiert. Aber das Christentum nimmt die Veränderung der

Unendlichkeit in aller Stille vor, als wäre es ein Nichts.
Es ist so still, wie nichts Weltliches sein kann, — so still,
wie nur ein Verstorbener und die Innerlichkeit sein kann!
Was ist denn auch das Christentum anderes als Innerlichkeit?!

98

## Christliche Arbeitsauffassung

„Sehet die Vögel am Himmel!"

Wie? Du bist bekümmert? Deine Stimmung ist gedrückt?
Dein Auge kehrt sich der Erde zu? Was ist das? So schuf
doch Gott den Menschen nicht! Das mußt du doch aus
jedem Kinderbuch wissen! Was den Menschen vor den Tiere
auszeichnet, ist der aufrechte Gang. Also sei so gut und —:
Kopf hoch!

„O, laß mich nur ja in Ruhe!"

„Nein, wir wollen behutsam vorgehen. Für deinen kranken Sinn wäre es vielleicht eine zu starke Bewegung, ein zu
schroffer Übergang, wenn du von der Erde plötzlich zum
Himmel aufschauen solltest. So wollen wir denn den Vogel
zu Hilfe nehmen. Er sitzt an der Erde, auf die du deinen
Blick heftest. Nun erhebt er sich, — so ein bißchen darfst
du doch wohl deinen Kopf heben, damit ihm dein Blick folgen kann. Er steigt, — hebe doch noch ein bißchen deinen
Kopf, — noch etwas mehr. — So, nun ist's gut. Nun
fliegt der Vogel hoch am Himmel, und auch du hast
die rechte Blickrichtung. Sieh auf den Vogel am Himmel!
O, gestehe es dir doch selber: sowenig man vom Himmelsgewölbe behaupten kann, es drücke nieder, ebensowenig drückt Gott nieder, — nein, das Niederdrückende
kommt von der Erde oder vom Irdischen in dir. Gleich
wie das Himmelsgewölbe erhebt, will auch Gott erheben."

„Sehet die Vögel am Himmel; sie säen nicht, sie ernten nicht, sie sammeln nicht in die Scheune."

Der Vogel lebt jedoch nicht von der Luft, genausowenig wie wir Menschen. Also muß wohl einer da sein, der für sie sät und erntet und in die Scheune sammelt? So ist es auch, — Gott ist es, der große Versorger oder Vorseher oder, wie wir ihn auch nennen: die Vorsehung. Er sät und erntet und sammelt in die Scheune, und die ganze Welt ist so etwas wie Gottes große Vorratskammer. Langweilige Menschen sind auf den langweiligen Gedanken gekommen und haben aus der ganzen Welt ein großes Lagerhaus machen wollen, um Gott entbehren zu können. Das ist eine törichte Nachäffung. Nein, — wenn Gott es tut, ist es eine Lust.

Wie vergnügt ist doch der Vogel am Himmel, — er sät nicht, er erntet nicht und sammelt nicht in die Scheune! Aber der Mensch, — der tut's: er pflügt, er sät, er erntet und sammelt in die Scheune. Lerne also von dem kleinen Vogel am Himmel lediglich verstehen, was du ja schon weißt, daß nämlich der Mensch sät und erntet; lerne verstehen, daß, wenn der Mensch so handelt, eigentlich Gott der Handelnde ist.

„Was ist das für ein Geschwätz! Wenn ich im Schweiße meines Angesichts auf das Feld gehe und ernte, daß der Schweiß an mir herunterrinnt, so weiß ich doch mit Gewißheit, daß ich es bin, der erntet, — wenigstens, daß ich es bin, der schwitzt. Oder ist es etwa Gott, der schwitzt? Oder warum soll ich schwitzen, wenn doch Gott der Erntende ist? Deine Rede ist hochtrabendes, unpraktisches Gewäsch!"

Mensch, Mensch, verhärteter Menschenverstand! Willst du denn nie vom Vogel lernen, daß du den Verstand aufgeben mußt, um Mensch zu werden? Willst du, gleich dem Vogel göttlich erhoben, nie verstehen lernen, was es mit der Arbeit auf sich hat? Gewiß wirst du der Wahrheit weit näher kommen als bisher, wenn du die Sache einmal von der umgekehrten Seite aus betrachtest: die Arbeit ist nämlich nicht so sehr Mühe und Beschwerde, von der man

am liebsten frei wäre, vielmehr hat Gott dem Menschen
mit dem Arbeitenkönnen ein Vergnügen gönnen und ein
Selbständigkeitsgefühl verleihen wollen, das mit dem
Schweiß des Angesichts nicht zu teuer erkauft werden kann;
denn ausschlaggebend kann ja nicht die Frage sein, ob man
schwitzt oder nicht; auch der Tänzer schwitzt, und trotzdem nennt man das Tanzen deswegen nicht Arbeit, Mühe
und Beschwerde. Die Erkenntnis von dem uns in der Arbeit zuteil werdenden Vergnügen und Selbständigkeitsgefühl ist die einzige fromme Auffassung vom Arbeiten, und
wer diese Einsicht gewonnen hat, klagt auch nicht im geringsten über den Schweiß seines Angesichts.

Sieh dir einmal ein Kind an und wie sich die Eltern ihm
gegenüber verhalten. Der kleine Ludwig wird jeden Tag in
seinem Kinderwagen spazierengefahren, — ein Vergnügen,
das gut und gerne eine Stunde währt. Daß es ein Vergnügen
ist, versteht der kleine Ludwig gut. Trotzdem ist die Mutter
auf etwas Neues verfallen, das dem kleinen Ludwig bestimmt noch mehr Spaß machen wird. Ob nicht er selber
den Wagen ziehen kann? Und er kann es!... „Wie? Das
kann er?!"... „Ja, sieh' nur, Tante, der kleine Ludwig
kann den Wagen selber ziehen!"

Wir wollen nun Menschen sein und das Kind nicht stören;
denn wir wissen ja schon, daß der kleine Ludwig es eigentlich nicht kann und daß in Wirklichkeit die Mutter den
Wagen zieht. Nur um ihm einen Spaß zu machen, tut sie
so, als könne es der kleine Ludwig von allein. Und er, —
er schnauft und stöhnt. Schwitzt er nicht auch? Ja, tatsächlich, — er schwitzt ja! Der Schweiß steht ihm auf der
Stirn, im Schweiße seines Angesichts zieht er den Wagen,
— aber sein Gesicht strahlt vor Freude, und wenn es überhaupt möglich ist, wird es immer noch mehr strahlen, je
öfter die Tante sagt: „Nein, sehe sich einer den kleinen
Ludwig an! Zieht der den Wagen ganz allein!!"

Es war ein Vergnügen sondergleichen. Das Schwitzen?
Nein, — daß er es selber konnte! In rechter, frommer Auf-

fassung ist es eitel Vergnügen, — etwas, worauf Gott verfallen ist, um dem Menschen ein Vergnügen zu machen, —
etwas, wovon sich Gott selber gesagt hat: „Das wird ihm
bestimmt mehr Freude machen, als wenn er beständig im
Kinderwagen gefahren wird."

Hier wie in allem ist die Vorstellung ausschlaggebend.
Wenn du um deiner Lust, um deines Vergnügens willen
arbeitest, so klagst du nicht über das Schwitzen. Wohlan,
so laß deine Arbeit eine Lust sein, — fasse sie so auf, daß
sie etwas ist, worauf Gott verfallen ist, um dir ein Vergnügen zu machen. O, betrübe seine Liebe nicht, — er
glaubte, er würde dir eine rechte Freude machen!

Dies ist nicht *die*, sondern *eine* fromme Auffassung von
der Arbeit. Aber es gibt noch eine höhere fromme Auffassung, und sie lernen wir von dem Vogel, — daß es
nämlich doch wiederum Gott ist, der arbeitet, — daß Gott
der Säende und Erntende ist, wenn der Mensch sät und
erntet.

Denke an den kleinen Ludwig. Er ist nun Mann geworden und begreift also jetzt den Zusammenhang, daß
es nicht er, sondern die Mutter war, die den Wagen zog.
Nun hat er deswegen eine andere Freude bei dieser Kindheitserinnerung: jetzt kann er an die Liebe der Mutter
denken, die auf so etwas verfallen konnte, um dem
Kinde einen Spaß zu machen. Aber nun ist er ein Mann,
nun kann er es wirklich selber. Nun wird er dadurch, daß
er es wirklich selber kann, vielleicht in Versuchung geführt,
— bis ihn jene Kindheitserinnerung wieder daran erinnert,
inwieweit er — in weit höherem Sinne — noch nicht in der
Lage des Kindes ist und daß, wenn der Mann arbeitet,
eigentlich doch ein anderer arbeitet, — nämlich Gott.

Glaubst du, er würde deswegen unmutig werden, sich
auf die faule Haut legen und sagen: „Wenn es doch Gott
ist, der arbeitet, so ist es am besten, ich gebe das Arbeiten
daran?" Stellt er sich auf diesen Standpunkt, dann ist dieser
Mann ein Narr, — um nicht zu sagen: ein unverschämter

Schlingel! An ihm kann Gott keine Freude haben, und der Mann kann selber am Vogel keine Freude haben, und nicht mehr ist er wert, als daß ihn unser Herr vor die Tür setzt. Dann mag er zusehen, was aus ihm wird. — Aber der brave, rechtschaffene und gottesfürchtige Arbeiter wird nur immer mehr danach streben, um immer stetiger zu verstehen, daß Gott mitarbeitet. Wie holdselig ist doch der Scherz, der darin liegt! Wie tief der Ernst, der darin zum Ausdruck kommt! Zu Gottes Ebenbild geschaffen, das Haupt erhoben, blickt er nach dem Vogel zum Himmel auf, — nach dem „Scherz-"vogel, von dem er den „Ernst" lernt, daß nämlich Gott es ist, der da sät, erntet und in die Scheune sammelt. Aber er erliegt nicht der Untätigkeit, er sieht sofort aufs Arbeiten und macht sich ans Werk, — sonst bekommt er ja nicht zu sehen, daß Gott es ist, der da sät, erntet und in die Scheune sammelt.

Du Lilie auf dem Felde, du Vogel am Himmel! Was verdankt dir nicht alles der Mensch! —: ein paar seiner besten und seligsten Stunden! Weil dich das Evangelium zum Vorbild und Lehrmeister einsetzte, wurde das Gesetz abgeschafft und dem Scherz seine Stelle im Himmelreich angewiesen, so daß wir nicht mehr unter einem Zuchtmeister, sondern unter dem Evangelium stehen: „Sehet die Lilien auf dem Felde, sehet die Vögel am Himmel!"

## 99

## Unveränderliches Christentum

„Niemand kann zwei Herren dienen", sagt das Evangelium. Ewig unverändert wiederholt es: „Niemand kann zwei Herren dienen."

Doch wenn das kein Mensch jemals erfüllt hat, ist es da nicht schließlich ein angemessenes Verlangen von der Menschheit, man möge diese Forderung abändern und abschwächen? Weil sich weniger aufgeklärte Zeiten mit dieser Ordnung der Dinge abgefunden haben, deren Ungereimtheit sie nicht zu erkennen vermochten, und weil das Menschengeschlecht in seinem mutlosen Zustand nicht zu murren gewagt hat, da es nur allzu deutlich das Zeichen der Drangsalierung durch das Gesetz an sich trug —: folgt daraus, daß sich aufgeklärte, freisinnige und gebildete Zeiten darein finden sollen oder daß jedenfalls — denn es gibt wohl noch eine große Masse, die weder aufgeklärt noch selbstbewußt ist —, folgt daraus also, daß sich ein aufgeklärtes, freisinniges und hochgeehrtes Publikum damit abfinden soll?

Von den Menschen das Unbedingte zu fordern, ist im Grunde Torheit, ist eine lächerliche Übertreibung, die — was jeder vernünftige Mensch leicht einsieht — wie alle Übertreibungen sich dadurch rächt, daß sie das genaue Gegenteil der beabsichtigten Wirkung erzielt. Alle menschliche Weisheit liegt in dem herrlichen und goldenen Ausspruch „Bis zu einem gewissen Grade", oder „Mit Maß" oder auch „Sowohl als auch" und „Zugleich": das Unbedingte ist Torheit. Gerade daran erkennt man den gereiften Ernst,

daß er von einer Forderung verlangt, sie müsse so be-
schaffen sein, daß ein Mensch sie mit Lust und Befriedigung
in einem ebenmäßigen Streben erfüllen könne. Was keiner
von uns geleistet hat, kann selbstverständlich keiner von
uns tun, und wenn das keiner von uns vermag, so muß die
Forderung nach Maßgabe der bereits bewiesenen Erfüll-
barkeit abgeändert werden: mehr als das Mögliche kann
nicht gefordert werden.

Deswegen fordern wir ein Christentum, das mit unserem
ganzen übrigen Dasein in Einklang gebracht werden kann
und der Veränderung entspricht, die durch steigende Aufklärung und Bildung und durch die Befreiung von allem
unwürdigen Druck mit dem Menschengeschlecht oder doch
jedenfalls mit dem Herzstück der Menschheit, mit der
gebildeten Schicht vor sich gegangen ist.

Selbst wenn diese Stimme nicht in der Welt gehört
würde, wie sie es gewiß und laut genug tut, so findet sie
zweifellos im Sinn vieler einen Widerhall, und sie soll sich
nur ja Gehör verschaffen!

Wer leugnet denn, daß sich diese Welt verändert hat?
Ja, aber ob sie sich zum Besseren verändert hat? Ja, das ist
eben sehr fraglich.

Wer leugnet es, daß die Welt eitel Verständigkeit geworden ist? Aber ob das ein Gewinn ist? Ja, das eben ist
die Frage.

Aber daß der Verständigkeit nichts so sehr ein Ärgernis
ist wie das Unbedingte, das ist ewig gewiß, und das ist
auch — um bei dem zu bleiben, wovon wir hier reden —
daran kenntlich, daß die Verständigkeit eine Forderung
niemals unbedingt anerkennen will, sondern beständig
fordert, sie müsse es sein, die Forderungen stellt, wie Forderungen sein sollen. Die Abschaffung des Christentums
oder das Aufgeben des Christentums zu fordern, stimmt
daher mit dieser Verständigkeit gut überein.

Ist jedoch die Forderung nach Abänderung des Christentums ein Mißverständnis?

Das Christentum kann nicht abgeändert werden, und es ist ja gerade daran zu erkennen, daß es der Verständigkeit genau entgegengesetzt ist, — der Verständigkeit, deren Geheimnis darin besteht, daß sie sich mit jedem Glockenschlag ändern kann, je nachdem wie es Zeit, Publikum und Nützlichkeit verlangen oder wie sich der Wind, das Blatt und die Blätter wenden. Nein, — das Christentum kann nicht abgeändert werden. Schon diese Forderung ist ein Versuch, es abzuändern, — ein Versuch, der doch völlig wirkungslos bleibt. Ja, wie ein Berg auf ein Kind blicken würde, das zu ihm hingeht und sagt: „Geh mir aus dem Wege!", ebenso muß das Christentum auf eine solche Rede hören, die von ihm das ewig Unmögliche einer Änderung verlangt.

Das Christentum kann sich nicht ändern, und wenn auch alles und alle sich änderten, so ist das Christentum doch nicht imstande, sich ebenfalls zu ändern. Auch kommt es nicht wie eine menschliche Herrschaft in Verlegenheit, wenn alle sich ändern. Aber auch will das Christentum keinem aufgenötigt werden, — das hat es nie gewollt. Dagegen will es und wollte es von Anbeginn an unverändert in seiner ganzen Unbedingtheit dargestellt werden, so daß jeder mit sich selber überlegen kann, ob er mit ihm zu tun haben will oder nicht. Auch wenn kein einziger es annehmen wollte, so bliebe das Christentum unverändert: nicht ein Tüttelchen gibt es nach, und wenn alle es annehmen, so darf nicht ein Tüttelchen abgeändert werden.

Was das Christentum verkündet, ist Gottes Liebe zu den Menschen. Für jeden einzelnen Menschen, für den ärmsten, elendesten und verlassensten hat Gott um seinetwillen aus Liebe gleichsam Himmel und Erde in Bewegung gesetzt; aber wenn alle Menschen, die gelebt haben und heute leben, gemeinsam nur ein Tüttelchen Veränderung forderten, — nein, nie!! Jeder einzelne, der ärmste, elendeste und verlassenste Mensch ist, wenn er zu seinem eigenen Besten will, wie Gott will, also durch sein Christentum Gott unendlich wichtig, — wie unbegreiflich ist doch diese Liebe! Anderseits sind jedoch die unzähligen Millionen des Menschengeschlechts vor Gott nicht mehr als eine Mücke, — ja, noch nicht einmal so viel, falls sie nicht wollen, wie er will.

Wie sollten sich also die Verständigkeit und das Christentum verständigen können, — sie, die sich wie entgegengesetzte Pole abstoßen! Was nämlich zwischen Christentum und Menschheit steht, ist in diesen verständigen Zeiten nicht die Nichterfüllung der Forderung. Darauf kann sich das Christentum einlassen, wie es in anderen Zeiten der Fall war, als man von der Forderung eine unbedingte Vorstellung besaß und gewillt war, seine eigene Unvollkommenheit einzugestehen, daß nämlich der Fehler bei ihr und nicht in der Unbedingtheit der Forderung zu suchen sei. Nein, — was in diesen verständigen Zeiten zwischen Christentum und Menschheit steht, ist, daß die Menschen die Vorstellung von der unbedingten Forderung verloren haben, — daß es ihnen nicht in den Kopf will, was das heißen soll, daß die Forderung das Unbedingte ist, und wozu das helfen kann, da sie doch keiner erfüllt, — daß ihnen das Unbedingte zu etwas Unpraktischem, zu Torheit und Lächerlichkeit geworden ist, — daß sie aus aufrührerischer Gesinnung oder aus Selbstklugheit das Verhältnis auf den Kopf stellen, den Fehler bei der Forderung suchen und selber zu dem Fordernden werden, der verlangt, die Forderung müsse abgeändert werden.

„Das Unmögliche zu wollen", sagt man, „ist Torheit. Ein Wille ist vernünftig, wenn er nur das will, was er vermag. Aber das Unbedingte verlangen, heißt, verlangen, man solle das Unmögliche wollen und Kraft, Zeit und Leben verschwenden, um doch nicht von der Stelle zu kommen, — und das ist doch Torheit, ist lächerliche Übertreibung."

Die Verständigkeit ist ein Aufruhr gegen das Unbedingte, — allerdings kein geräuschvoller Aufruhr, wenigstens nicht zu Anfang, — das würde die Verständigkeit wohl für unklug ansehen, und eine feinere Verständigkeit wünscht stets, aus bestimmter Ursache die Aufmerksamkeit nicht darauf hinzulenken: daß wir Aufruhr gestiftet haben, soll ein Geheimnis unter uns bleiben, und es soll der Anschein gewahrt bleiben, als ob überhaupt nichts geschehen wäre. Langsam schleicht die Verständigkeit weiter, verzehrt nach und nach das Unbedingte und untergräbt den Glauben daran und die Ehrfurcht vor ihm, — und zuletzt platzt eine ungeduldige Verständigkeit vielleicht mit der Sprache heraus und verkündet laut ihre Weisheit, daß nämlich das Unbedingte eine Torheit ist.

Aber mit der wachsenden Verständigkeit nimmt eine gewisse Art von Menschenkenntnis zu, — nämlich die Kenntnis, wie wir Menschen nun einmal *sind* oder wie wir es in diesen Zeiten sind, — ein naturwissenschaftlich-statistisches Wissen vom Zustand der menschlichen Sittlichkeit als Naturerzeugnis, erklärt aus der geographischen Lage, aus dem Klima, dem Wind, der Regenmenge, dem Wasserstand usw. Ob wir Menschen von Geschlecht zu Geschlecht entarten, kümmert diese Menschenkenntnis überhaupt nicht. Sie gibt bloß genau an, wie wir sind, — sie gibt den Kurs und Marktpreis an, — um aus Klüglichkeit imstande zu sein, sich vorzusehen und die Menschen auszunutzen, ihr Glück zu machen und Vorteile in dieser Welt zu erringen oder um ihre eigene Erbärmlichkeit und Mittelmäßigkeit verteidigen und beschönigen zu können oder um mit einer Art guten Gewissens wissenschaftlich beargwöhnen zu dürfen, wenn zuweilen etwas Besseres zum Vorschein kommen sollte. Aber danach, wie wir Menschen sein *sollten*, und nach der Gottesforderung und nach den Idealen wird immer weniger gefragt, je mehr die Verständigkeit zunimmt. Schließlich findet man die Frage, wie wir Menschen sein sollten (wofern man diese Frage überhaupt hier und da zu hören bekommt) etwas schal und abgeschmackt wie Gottes Wort vom Lande.

# QUELLENNACHWEISE

Die vorliegende Auswahl fußt auf folgenden *Ausgaben:*
Werke: Søren Kierkegaards Samlede Værker. Udgivne af
A. B. Drachmann, J. L. Heiberg og H. O. Lange. 2. Aufl.
Kjøbenhavn 1920 ff.: Gyldendalske Boghandel.
Nachgel. Papiere: Af Sören Kierkegaards Efterladte Papirer.
Ved H. B. Barfod. Kjøbenhavn 1869 ff.: Reitzel.
Papiere: Sören Kierkegaards Papirer. Udgivne af P. A.
Heiberg og V. Kuhr. Kjøbenhavn og Kristiania: Gylden-
dalske Boghandel, Nordisk Forlag. 1909 ff.

Die Auswahl beruht auf folgenden *Einzelschriften* (in
alphabetischer Reihenfolge):
Augenblick: Øieblikket. Kjøbenhavn 1855: C. A. Reitzel.
Begriff Angst: Begrebet Angest. En simpel psychologisk-
paapegende Overveielse i Retning af det dogmatiske
Problem om Arvesynden. Af Vigilius Haufniensis. Kjø-
benhavn 1844: C. A. Reitzel.
Einübung: Indøvelse i Christendom. Af Anti-Climacus.
Udgivet af S. Kierkegaard. Kjøbenhavn 1850: C. A.
Reitzel.
Entweder — Oder: Enten — Eller. Et Livs-Fragment. Ud-
givet af Victor Eremita. Kjøbenhavn 1843: C. A. Reitzel.
Erbauliche Reden: Tre opbyggelige Taler af S. Kierkegaard.
Kjøbenhavn 1843: Philipsen.
Furcht und Zittern: Frygt og Bæven. Dialektisk Lyrik
af Johannes de Silentio. Kjøbenhavn 1843: C. A. Reit-
zel.
Lilie: Hvad vi lære af Lilierne paa Marken og af Himme-
lens Fugle. Tre Taler af S. Kierkegaard. Kjøbenhavn
1847: C. A. Reitzel.

Nachschrift: Afsluttende uvidenskabelig Efterskrift til de philosophiske Smuler. Mimisk-pathetisk-dialektisk Sammenskrift, existentielt Indlæg af Johannes Climacus. Udgiven af S. Kierkegaard. Kjøbenhavn 1846: C. A. Reitzel.

Richtet: Dømmer selv! Til Selvprøvelse Samtiden anbefalet. Anden Række. Af S. Kierkegaard. Udgivet af P. Chr. Kierkegaard. Kjøbenhavn 1876: C. A. Reitzel.

Selbstprüfung: Til Selvprøvelse Samtiden anbefalet. Af S. Kierkegaard. Kjøbenhavn 1851: C. A. Reitzel.

Taten der Liebe: Kjerlighedens Gjerninger. Nogle christelige Overveielser in Talers Form. Af S. Kierkegaard. Første Følge og Anden Folge. Kjøbenhavn 1847: C. A. Reitzel.

### QUELLEN IM EINZELNEN

1. Tagebuch 1849. Papiere Bd 10, T. 2, S. 207.
2. Nachschrift. Werke Bd 7, S. 229—232.
3. Einübung. Werke Bd 12, S. 173—174.
4. Tagebuch vom 29. Juli 1835. Papiere Bd 1, S. 43—44.
5. Begriff Angst. Werke Bd 4, S. 417.
6. Selbstprüfung. Werke Bd 12, S. 362—373.
7. Nachschrift. Werke Bd 7, S. 148.
8. Tagebuch 1852. Papiere Bd 10, T. 4, S. 457.
9. Augenblick. Nr 2 vom 4. Juni 1855. Werke Bd 14, S. 124.
10. Nachschrift. Werke Bd 7, S. 579.
11. Erbauliche Reden. Werke Bd 3, S. 334—336.
12. Nachschrift. Werke Bd 7, S. 216.
13. Augenblick. Nr 1 vom 24. Mai 1837. Werke Bd 14, S. 106.
14. Tagebuch vom 6. November 1837. Papiere Bd 2, S. 94.
15. Tagebuch 1852. Papiere Bd 10, T. 4, S. 413.
16. Tagebuch 1847. Papiere Bd 8, T. 1, S. 17.
17. Tagebuch 1846. Nachgel. Papiere Bd 2, S. 750. Papiere Bd 7, T. 1, S. 135.
18. Einübung. Werke Bd 12, S. 83—84.
19. Tagebuch 1849. Papiere Bd 10, T. 2., S. 148.
20. Tagebuch 1848. Papiere Bd 8, T. 1, S. 277.
21. Taten der Liebe. Werke Bd 9, S. 285—286.
22. Tagebuch 1851. Papiere Bd 10, T. 4, S. 136.
23. Tagebuch 1849. Papiere Bd 10, T. 1, S. 305—306.
24. Tagebuch 1837. Papiere Bd 2, S. 228.
25. Tagebuch 1849. Papiere Bd 10, T. 2, S. 57.
26. Tagebuch 1850. Papiere Bd 10, T. 3, S. 384.
27. Selbstprüfung. Werke Bd 12, S. 352—358.
28. Einübung. Werke Bd 12, S. 208—214.
29. Einübung. Werke Bd 12, S. 52—53.

30. Nachschrift. Werke Bd 7, S. 187—188.
31. Tagebuch 1838. Papiere Bd 2, S. 102.
32. Nachschrift. Werke Bd. 7, S. 314—315.
33. Richtet. Werke Bd 12, S. 442—443.
34. Entweder—Oder. Werke Bd 1, S. 5. (aus den Dia-
    psalmata).
35. Einübung. Werke Bd 12, S. 97—98.
36. Tagebuch vom 23. Dezember 1834. Papiere Bd 1, S. 19.
37. Augenblick. Nr 6 vom 23. August 1855. Werke Bd 14,
    S. 229 f.
38. Einübung. Werke Bd 12, S. 262.
39. Tagebuch 1847. Papiere Bd 8, T. 1, S. 142.
40. Tagebuch 1850. Papiere Bd 10, T. 3, S. 393.
41. Einübung. Werke Bd 12, S. 265—270.
42. Tagebuch 1848. Papiere Bd 9, S. 12.
43. Nachschrift. Werke Bd 7, S. 598.
44. Tagebuch 1852. Papiere Bd 10, T. 4, S. 464.
45. Nachschrift. Werke Bd 7, S. 298—299.
46. Nachschrift. Werke Bd 7, S. 219.
47. Tagebuch 1849. Papiere Bd 10, T. 1, S. 387.
48. Tagebuch 1850. Papiere Bd 10, T. 3, S. 186.
49. Selbstprüfung. Werke Bd 12, S. 424—425.
50. Tagebuch 1850. Papiere Bd 10, T. 3, S. 377.
51. Taten der Liebe. Werke Bd 9, S. 73—74.
52. Einübung. Werke Bd 12, S. 49—51.
53. Tagebuch 1853. Papiere Bd 10, T. 5, S. 146.
54. Tagebuch 1851. Papiere Bd 10, T. 4, S. 251 f.
55. Tagebuch 1850. Papiere Bd 10, T. 2, S. 258.
56. Tagebuch 1846. Nachgel. Papiere Bd 2, S. 354. Papiere
    Bd 7, T. 1, S. 29.
57. Tagebuch 1847. Papiere Bd 8, T. 1, S. 7.
58. Tagebuch 1849. Papiere Bd 10, T. 2, S. 181.
59. Tagebuch 1849. Papiere Bd 10, T. 1, S. 38.
60. Tagebuch 1851. Papiere Bd 10, T. 4, S. 10.
61. Tagebuch 1852. Papiere Bd 10, T. 4, S. 394.
62. Tagebuch 1847. Papiere Bd 8, T. 1, S. 110.

63. Tagebuch 1848. Papiere Bd 9, S. 139 f.
64. Tagebuch 1849. Nachgel. Papiere Bd 2, S. 159. Papiere Bd 6, S. 14.
65. Tagebuch 1851. Papiere Bd 10, T. 4, S. 129.
66. Taten der Liebe. Werke Bd 9, S. 17—19.
67. Taten der Liebe. Werke Bd 9, S. 27—29.
68. Tagebuch vom 16. Februar 1839. Papiere Bd 2, S. 147.
69. Tagebuch 1846. Nachgel. Papiere Bd 2, S. 742. Papiere Bd 7, T. 1, S. 126.
70. Taten der Liebe. Werke Bd 9, S. 80—82.
71. Tagebuch vom 12. September 1838. Papiere Bd 2, S. 116.
72. Tagebuch vom 14. Juli 1837 (Randnote). Papiere Bd 2, S. 74.
73. Tagebuch 1844. Nachgel. Papiere Bd 2, S. 75. Papiere Bd 5, S. 22.
74. Taten der Liebe. Werke Bd 9, S. 425—426.
75. Tagebuch 1849. Papiere Bd 10, T. 2, S. 67.
76. Nachschrift. Werke Bd 7, S. 280—281.
77. Nachschrift. Werke Bd 7, S. 581—583.
78. Einübung. Werke Bd 12, S. 158—160.
79. Einübung. Werke Bd 12, S. 195—202.
80. Augenblick. Nr 6 vom 23. August 1855. Werke Bd 14, S. 244.
81. Einübung. Werke Bd 12, S. 139—143.
82. Tagebuch 1852. Papiere Bd 10, T. 4, S. 384.
83. Einübung. Werke Bd 12, S. 219—222.
84. Richtet. Werke Bd 12, S. 542—544.
85. Tagebuch 1852. Papiere Bd 10, T. 4, S. 427.
86. Selbstprüfung. Werke Bd 12, S. 359—361.
87. Selbstprüfung. Werke Bd 12, S. 416—419.
88. Selbstprüfung. Werke Bd 12, S. 422—423.
89. Tagebuch 1852. Papiere Bd 10, T. 4, S. 466.
90. Lilie. Werke Bd 8, S. 300—304.
91. Taten der Liebe. Werke Bd 9, S. 414—416.
92. Selbstprüfung. Werke Bd 12, S. 386.
93. Tagebuch 1849. Papiere Bd 10, T. 1, S. 296.

94. Einübung. Werke Bd 12, S. 87—89.
95. Tagebuch 1851. Papiere Bd 10, T. 4, S. 174.
96. Tagebuch 1842—43. Papiere Bd 4, S. 13.
97. Taten der Liebe. Werke Bd 9, S. 157—159.
98. Richtet. Werke Bd 12, S. 523—526.
99. Richtet. Werke Bd 12, S. 493—497.

# INHALT

FRIEDRICH HEILER

# Die Religionen der Menschheit

in Vergangenheit und Gegenwart

Unter Mitarbeit von Kurt Goldammer, Franz Hesse, Günter Lanczkowski, Käthe Neumann, Annemarie Schimmel. Mit 48 Bildtafeln

Inhalt: Die Erscheinungsformen (Phänomenologie) der Religion – Die Religion der prähistorischen Zeit – Die Religion der schriftlosen Völker der Neuzeit – Die Religionen der vorkolumbischen Hochkulturen Amerikas – Die Religion der Chinesen – Die Religion der Japaner – Die Religion der Ägypter – Die Religionen der vorderasiatischen Kulturen – Die Religion der Etrusker – Die indo-europäische Religion – Die vorarische Religion Indiens – Die indischen Religionen (Die vedische Religion – Die Religion der priesterlichen Ritualtexte – Die Erlösungsmystik der Upaniṣaden – Die Übungsmystik des Yoga – Die Erlösungslehre des Sāmkhya – Die heterodoxen Erlösungsgemeinschaften: A. Der Jainismus – B. Der Buddhismus – Die nachbuddhistischen Religionen Indiens) – Die Religion der Iranier – Der Manichäismus – Die Religion der Mandäer – Die Religion der Griechen – Die Religion der Römer – Die Religion der Germanen – Die Religion der Kelten – Religion der Slaven und Balten – Die israelitisch-jüdische Religion in vorchristlicher Zeit – Das Judentum in nachchristlicher Zeit – Die Entwicklung des Christentums – Die christlichen Kirchen der Gegenwart – Der Islam – Versuche einer Synthese der Religionen – Literatur-, Namen- und Sachregister. Religionsstatistik.

PHILIPP RECLAM JUN. STUTTGART